JN007521

日本人メジャーリーガーが
目標達成した！

夢を叶える

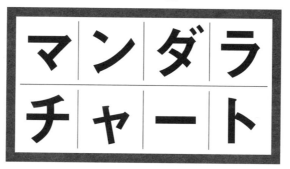

マンダラ
チャート

マツダミヒロ

著

松村剛志

監修

宝島社

はじめに

人生を変えたマンダラとの出会い。

　質問力の専門家、マツダミヒロです。今から20年近く前、人生を変える
マンダラとの出会いは突然やってきました。お世話になっている方のご縁で、
マンダラチャート開発者の松村寧雄先生と食事をする機会がありました。

　突然の食事会だったので、マンダラの予備知識は何もなく、ぼくは質問
ばかりしていました。

　関心を持ったことを察知してくださったのか、「マンダラチャートの勉
強会にご招待しますから、来てください」とお声がけいただきました。ぼ
くは、嬉しくなり「喜んで行きます！　いつですか？」と聞きました。
「明日ですよ」。夜の食事も終わり、時刻は22時。平日でしたので、もち
ろん次の日もアポがびっしり詰まっていました。

　そこで、先生がさらににこやかに言ってきます。「明日来れるかどうかで、
人生が良くなるかどうかが決まりますよ」。とても悩みました。

　普通に考えれば、当日のアポを断るのは大変失礼になります。

　今までそんなことをしたこともなく、する勇気もありませんでした。

　頭ではそれは無理だ、と思っていたのですが心の声なのか、「はい！　行
きます」と言ってしまっていた自分がいました。

　次の日の早朝、ぼくはすべてのアポを断る電話を入れ、松村先生に会い
に、そして学びに行っていました。先生がどれほど本気で言っていたかわ
かりませんが、ここから人生が激変してきたことは、間違いありません。

アイデアが溢れるツール

　マンダラチャートは、ぼくにとってエネルギーの源でした。

　というのも、ぼくは新しいアイデアを考えたりすることが大好きです。

新サービスをつくったり、新しい仕組みを考えたり、そんなことをずっとやっていました。

ただ、〈アイデアに詰まる〉〈出すぎたアイデアをまとめにくい〉といった悩みがありました。

それを同時に解決するのが、9マスのマンダラチャートだったのです。

なぜ、アイデアが溢れ続け、アイデアを形や行動に移せるのか、その詳細は本書をお読みいただくとして、ぼくにとっては欠かせないツールになっていきました。

24時間マンダラチャートを手にして、食事をするのも忘れるくらい、書き続けました。あのときのワクワク感は今でも忘れられません。

ビジネスのアイデアは湧き出て、やることが整理され、やりたいことが見つかり始めました。

このツールは素晴らしいと思い、友人たちに紹介をし始めました。

友達が誰も使ってくれない

「このメソッドはすごいからやってみて!」友人たちに、マンダラチャートを配り始めました。きっとみんなも衝撃を受けてくれるだろうと、ワクワクして感想を待ちました。しかし、いつまでたっても連絡が来ません。

プレゼントをした彼らに聞いてみると「空白の9マスだから書こうと思っても、出てこないよ」「何を書いたらいいか、わからないんだ」そんな答えばかりでした。

そのこと自体に、ぼくは驚き、友人たちが書くときと、ぼくが書くときで、何が違うのだろう?　と、自分へ質問してみました。

ぼくがマンダラチャートを書くときは、まさに、今のように、自問自答しながら書いていたのです。

例えば、アイデアを出すというテーマでマンダラチャートを書くときは「さらに広げるには?」

「今までやったことがない方法は？」

「何と組み合わせるといい？」

など、質問しながら書いていっていたのです。

　それならば、最初に質問が書いてあるマンダラチャートがあったら、誰でも書けるのでは？　と考え、松村先生に提案をしに行きました。

魔法の質問マンダラチャート誕生

　「さまざまなテーマで魔法の質問が、9マスに書いてあるのはどうですか？」

　友人たちとのことを伝えて、そんな提案をすると、すぐに「それをつくってみましょう！」と快諾いただきました。

　さっそく、開発制作に取りかかりました。

　まずは多くの人が答えるといいであろうテーマを決めました。そして、そのテーマに基づいて、8個の質問をつくっていきました。

　この質問は、

• 自分では考えたこともなかった、自分の答えを導くもの

• 自分の中にあるけど気づかなかった、自分の答えを導くもの

　があります。

　質問は答える順番がとても重要です。どんな順番で答えると効果的になるかを日々研究し、20以上のテーマのものがようやく完成しました。

　それが、本書にも掲載されている、魔法の質問マンダラチャートです。これがあれば、ただ質問に答えていくだけなので、どんな人でもマンダラチャートを活用できます。

　ぼくたちは、「1人でも多くの人が、その人らしく生きていく世の中をつくる」ということをビジョンとしているのですが、そのためには、自分がどのように生きていきたいか？　何を大切に生きていきたいか？　自分らしくとは、どんな生き方なのか？　その答えをそれぞれが知る必要があ

ります。

　そのツールとして質問が最適なのですが、マンダラチャートに乗せて魔法の質問がどんどん広がっていきました。

　大人だけでなく、子どもたちもこの魔法の質問マンダラチャートを使って、夢を発見したり、夢に向かって行動したりしています。

アイデアだけでなく、人生で大切なことを教えてもらった

　マンダラチャートは、アイデアを出すツールとして使われることも多いですが、実は人生をどのように生きるかを知ることができるツールでもあります。チャプター3を読んでいただくとわかりますが、9マスの奥には「自分の在り方」や「人との関わり方」を学ぶことができます。

　まさに「ご縁とは関わり合いでできている」ということを、松村先生からも教えていただきました。

　ぼくがこの教えからつくった質問が「目の前の人を喜ばせるために何ができるだろう？」です。この問いに答えていくことで、そしてその答えを実行していくことで、さまざまな方とどんどんご縁が深まっていきました。心からの友人ができたこともあれば、仕事が生まれたこともあります。自分では到底できないようなプロジェクトが生まれたこともあります。

　関わり合いをつくることは、自分からできることなので、相手を喜ばせることだけを、ひたすら考えて行動していくのです。

　そして、世の中は関わり合いによって成り立っています。1人で生きていくことはできませんし、仕事や活動をするのも、必ず誰かとの関わりがあります。だからこそ、ご縁を深めていくことが大切です。

　こうしてこの本を読んでいただいているあなたとのご縁にも感謝です。

　本書を通じて、ビジネスのヒント、生き方のヒントを得ていただけると嬉しいです。

Contents

もっと知りたい！ マンダラの奥深い世界

目標を叶え、人生を豊かにするマンダラ思考法

Contents

Chapter 5 答えるだけで人生とビジネスが豊かになる！
魔法の質問マンダラチャート

付録ノート
　　魔法の質問マンダラチャート【ビジネス編】
　　魔法の質問マンダラチャート【ライフワーク編】
　　魔法の質問マンダラチャート【セルフコミュニケーション編】
　　マンダラチャートA型
　　マンダラチャートB型

本 書 の 使 い 方

　あなたがこれまで出会ってきた本とこの本が大きく違うところは、読んで終わりではないということ。チャプター1からチャプター4では、マンダラチャートが他の目標達成ツールと何が違うのか？　実際どうやって使うのか？　マンダラチャートについて詳しく解説しています。

　この本は、段階的にマンダラチャートの理解を深められるようになっています。あなたのペースでかまいませんので、チャプター1から順番に読むように心がけましょう。

　初めてマンダラチャートを見たときは、難しそうに感じるかもしれません。でも、この本を1回読めば、しっかりとマンダラチャートの使い方を理解できるようになっています。ですが、いくらマンダラチャートについて学んでもあまり意味がありません。マンダラチャートは、あなたの人生や夢、仕事に活用して初めて価値が生まれるからです。

　だから、この本には書き込み式のノート（魔法の質問マンダラチャート）を用意しました。本というより、指南書付きの自分ノートだと思ってください。もちろん、自分で決めたテーマでマンダラチャートを実践したい人もいるでしょう。そんな人のために、この本で紹介するA型チャートとB型チャートを、10ページに掲載されてるQRコードからダウンロードできるようにしました。

　そして、マンダラチャートに取り組んだら、ずっと保存して定期的に見返してください。見返したときにこそ、マンダラチャートのすごさを強く実感できるはずです。

持ち歩く方がいい？　いつ取り組む？

　基本、この本やマンダラチャートは、毎日持ち歩いても家に置いておいてもどちらでも問題ありません。でも、どちらの場合であっても毎日少しの時間でもいいから眺める時間を必ずつくってほしいと思います。

　そして取り組むのは基本的にはいつでも大丈夫です。しっかりと時間を確保できて、モチベーションの高い状態で挑めるのであれば朝でも昼でも夜でも何時でも問題ありません。でも、できれば避けてほしいのが、短い隙間時間や忙しい予定の合間などです。最低でも30分、可能であれば1時間以上の時間を確保するのがおすすめです。

　おそらく最初は、マンダラチャートの使い方に苦戦したり、自分の言葉で文字起こしすることに苦労するかもしれません。でも、後で説明しますが、最初から完璧を目指す必要はありません。それよりも、どれだけ真摯に向き合うか、その姿勢が大切になります。

マンダラチャート®をダウンロードする

マンダラチャートのA型チャートとB型チャートは
こちらからダウンロードが可能です。
ぜひご活用ください。

URL：https://hs.shitsumon.jp/mirudakemq9

※「マンダラチャート」は
　一般社団法人マンダラチャート協会の登録商標です。

世界で活躍する人たちが
活用・実践する
マンダラチャートとは

アメリカのメジャーリーグで大活躍を見せる大谷翔平選手。大谷選手が高校1年生のときにつくった目標達成シートの原型が「マンダラチャート」です。この章では、マンダラチャートが持つ8つの特性を中心にマンダラチャートの魅力を探ります。

大谷翔平選手のマンダラチャートは何がすごかったのか？

　2023年3月に開催された第5回ワールド・ベースボール・クラシック（WBC）での大活躍が記憶に新しい、日本が誇るメジャーリーガーの大谷翔平選手。その大谷選手が、高校時代に作成していたといわれる「目標達成シート」。テレビや新聞などで見たことがある方も多いのではないでしょうか。このシートの原典となるのが、この本でご紹介する「マンダラチャート」です。

　マンダラチャートとは、1979年に株式会社クローバ経営研究所の松村寧雄氏が仏教の智慧「曼陀羅図」からヒントを得て開発した3×3の9マスから成るチャートのこと。思ったことをマスの中に入れていくだけで、あらゆる目標達成や問題解決への最短ルートを示してくれる最強の思考ツールとして、ビジネスかプライベートかを問わず、さまざまな分野で活用されています。

　さて、大谷翔平選手が高校時代に作成したマンダラチャート（P14・15参照）のどこがすごかったのでしょうか？　マンダラチャートには3×3で9マスのA型チャートと、それをさらに詳しく分析・展開するための9×9で81マスのB型チャートの2種類があるのですが、大谷選手が作成したのは後者でした。マンダラチャートの中心には、そのマンダラチャートが何のためにつくられたのかというテーマを書き込みます。大谷選手のテーマは「ドラ1　8球団」。つまり、8球団からドラフト1位指

名を受けるという目標を達成するために、このマンダラチャートがつくられたのがわかります。そして、その目標を達成するために、彼が必要だと思った8つの分野がそのテーマの周りに書かれています。「運」「メンタル」「コントロール」「スピード160km/h」「人間性」「体づくり」「キレ」「変化球」の8つです。そして、その8つの分野が、中心のマスの周囲のエリアにさらに詳しく展開されています。

　このマンダラチャートのすごいところは、まず、大谷選手がここに書いたことを本当に実現したことでしょう。それから、テーマの周囲に配置された8つの分野がそれぞれ「有機的」に関わり合っているのも見事だと思います。そして、特筆すべき点は、「体づくり」や「メンタル」など野球に直接関係する分野だけでなく、「運」という項目に重きを置いていることです。ここに書かれている「ゴミ拾い」や「あいさつ」などの具体的な行動は、彼がメジャーに行った後も実践しているそうです。つまり、彼が高校1年生のときに書いたマンダラチャートは、目標を立てた後に行動を習慣化する力があったのではないかということです。

　とはいえ、この大谷選手のマンダラチャートを見ると、多くの人が「これは大谷選手がすごい人だから、こんなふうに書けるのでは？」と思うかもしれません。もちろん、大谷選手が偉大な人物であることには疑いようがありませんが、彼でなければこんなふうにマンダラチャートを書けないというわけではありません。

　実は、マンダラチャートそのものに不思議な力が秘められていて、適切な指導を受けさえすれば、誰でもこのチャートの恩恵を受けることができるのです。本書では、このマンダラチャートをぼくが開発した魔法の質問と組み合わせることで、誰でも簡単に目標達成・問題解決のための最強ツールとして活用する方法をご紹介したいと思います。

大谷選手が高校生のときにつくったマンダラチャート

体のケア	サプリメントを飲む	FSQ 90kg	インステップ改善	体幹強化	軸をぶらさない
柔軟性	体づくり	RSQ 130kg	リリースポイントの安定	コントロール	不安をなくす
スタミナ	可動域	食事夜7杯朝3杯	下肢の強化	体を開かない	メンタルコントロールをする
はっきりとした目標、目的を持つ	一喜一憂しない	頭は冷静に心は熱く	体づくり	コントロール	キレ
ピンチに強い	メンタル	雰囲気に流されない	メンタル	ドラ1 8球団	スピード160km/h
波をつくらない	勝利への執念	仲間を思いやる心	人間性	運	変化球
感性	愛される人間	計画性	あいさつ	ゴミ拾い	部屋そうじ
思いやり	人間性	感謝	道具を大切に使う	運	審判さんへの態度
礼儀	信頼される人間	継続力	プラス思考	応援される人間になる	本を読む

Chapter 1

角度を つける	上から ボールを たたく	リストの 強化
力まない	キレ	下半身主導
ボールを 前で リリース	回転数 アップ	可動域
軸でまわる	下肢の強化	体重増加
体幹強化	スピード 160km/h	肩周りの 強化
可動域	ライナー キャッチ ボール	ピッチング を増やす
カウント ボールを 増やす	フォーク 完成	スライダー のキレ
遅く 落差のある カーブ	変化球	左打者への 決め球
ストレートと 同じフォームで 投げる	ストライクから ボールに投げる コントロール	奥行きを イメージ

これが大谷翔平選手が
高校1年生のときに作成した
マンダラチャート
（目標達成シート）です

マンダラチャートの効果は
思考の掘り下げにある

　あなたは大谷翔平選手が使っていたことで、マンダラチャートが目標達成のためのツールであることはもうご存じだと思います。しかし、なぜマンダラチャートは目標達成に威力を発揮してくれるのでしょうか？　それは、マンダラチャートの効果が「思考の掘り下げ」にあるからなのです。

　マンダラチャートの使い方を知れば知るほど、私たちの思考は掘り下げられていき、自分たちが抱えている問題とその原因がよりクリアに見えるようになり、より具体的なアクションにつながっていきます。

　ここでは、マンダラチャートがどのように私たちの思考を掘り下げてくれるのかを見ていきましょう。

　マンダラチャートには、A型チャート（P17の図）とB型チャート（P19の図）の2種類があります。A型チャートは、3×3の9マスから成るマンダラチャートの基本形で、B型チャートはそれをさらに深く掘り下げるためのチャートです。

　基本となるA型チャートでは、中央のマスを「センターエリア」と呼びます。マンダラチャートを作成するときは、まず、中央のマスの上部に目標や課題などのテーマを書いてください。例えば、「月収100万円に到達する」とか、「残業を少なくする」などですね。センターエリアに自分の目標や課題を書くことで、そのチャートが何のためにつくられるのか、自分がどこに向かっているのかをはっきりと意識できるようになります。

A型チャートの構造

F タイトル	C タイトル	G タイトル
Fエリア	Cエリア	Gエリア
B タイトル	テーマ	D タイトル
Bエリア	センターエリア	Dエリア
E タイトル	A タイトル	H タイトル
Eエリア	Aエリア	Hエリア

センターエリアの周りにはＡ～Ｈまでの８つのエリアがあります。そこには、あなたの目標や課題について思いついたことをどんどん書いていきます（具体的なマンダラチャートの書き方は後ほど詳しく説明します）。

　さて、Ｂ型チャートはどんな形をしているかというと、Ａ型チャートのマス目をさらに３×３の９つのマス目に分割した形になっています。

　このＢ型チャートは、木のような構造を持っています。つまり、真ん中のエリアが木の幹（トランク）で、周囲にあるＡ～Ｈまでの円が木の枝（ブランチ）、そしてその周囲にあるエリアが木の葉っぱ（リーフ）のようになっているのです。

　Ｂ型チャートのセンターエリアには、Ａ型チャートのＡ～Ｈエリアを書き、それらをブランチとしてＢ型チャートのＡ～Ｈエリアに展開していきます。つまり、「トランク」→「ブランチ」→「リーフ」という順番でＡ型チャートの思考をさらに掘り下げていく構造になっているのです。

　Ｂ型チャートは、マス目が多いので一見すると難しそうに感じるかもしれませんが、そんなことはありません。よく見ていただければ、Ａ型チャートのＡ～Ｈのマス目に書いたことを、さらに詳しく展開して書いているだけだということがわかると思います。

　例えば、残業を減らすという目標でＡ型チャートをつくり、そのＢのエリアに「仕事効率化」というタイトルをつけたとします。そして、仕事効率化のためのアイデアがどんどん湧いてきた場合、そのエリアをさらに３×３のマス目に分けて思いついたことを書いていけば、そのチャートは自然とＢ型チャートになります。

　なので、まずはＡ型チャートに気軽に思いついたことを書き込んでいき、その思考や発想をさらに詳しく掘り下げたいときに、Ｂ型チャートに切り替えればよいということです。

B型チャートの構造

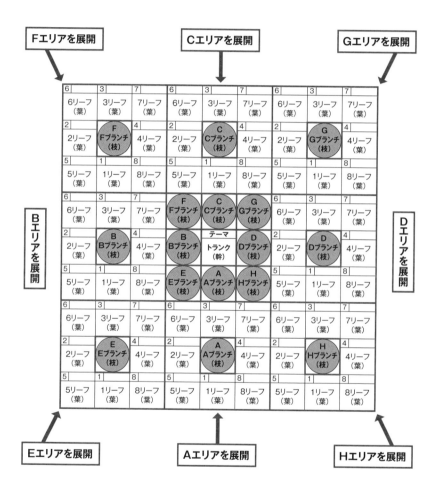

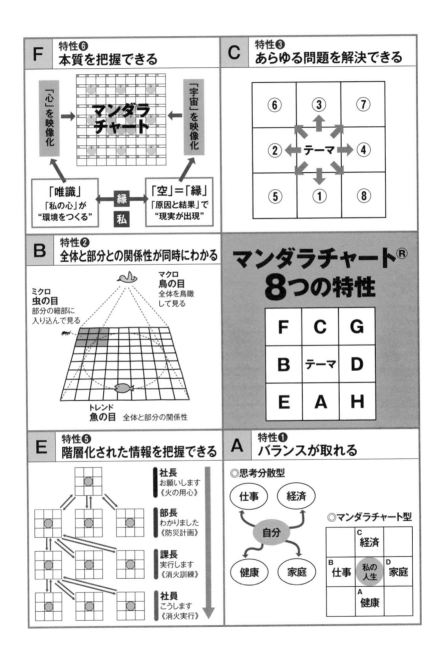

G 特性❼ 情報を共有できる

6	3	7	6	3	7	6	3	7
2	F	4	2	C	4	2	G	4
5	1	8	5	1	8	5	1	8
6	3	7	F	C	G	6	3	7
2	B	4	B	テーマ	D	2	D	4
5	1	8	E	A	H	5	1	8
6	3	7	6	3	7	6	3	7
2	E	4	2	A	4	2	H	4
5	1	8	5	1	8	5	1	8

D 特性❹ 発想が広がりながら集約される

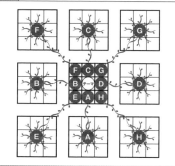

H 特性❽ ビジュアル化ができる

テーマ「クレーム」を解決する

1 クレーム発生時の対応
2 クレーム原因の発見
3 クレームを削減する組織対応
4 クレーム対策の内容
5 クレーム防止策
6 クレーマー対応
7 お詫び状の書き方
8 クレームの活かし方

F クレーマー対応	C クレームを削減する組織対応	G お詫び状の書き方
B クレーム原因の発見	テーマ クレームを解決する	D クレーム対策の内容
E クレーム防止策	A クレーム発生時の対応	H クレームの活かし方

ここからは、マンダラチャートが持っている8つの特性をご紹介します

バランスが取れる

　「あなたの夢や目標は何ですか？」と聞かれたら、仕事で昇給したい、結婚したいなど複数の夢や目標が思い浮かぶ人が多いのではないかと思います。それらの夢や目標を叶えようとするとき、多くの人は、「思考分散型」「一点集中型」「段階型」のいずれかの道筋を選ぼうとします。

　思考分散型とは、自分が叶えたいことが漠然として、散漫になっている状態のこと。このスタイルだと、いずれの目標にも集中できないというデメリットがあります。それとは正反対のスタイルと言ってもいいのが一点集中型。こちらは、目標を１つだけに絞って、それに向けてすべてのリソースを注ぎ込みます。しかし、このスタイルだと、もし、その１つだけの目標が叶えられなかった場合、再起不能になるくらい落ち込むことになります。いわゆる燃え尽き症候群になってしまうのです。また、バランスを欠いた人生を送るわけですから、努力を注いだ分野以外の分野がおろそかになります。そして、段階型は、複数の目標を順序立てて叶えていこうとするスタイル。こちらも、今関わっている分野以外の後回しにしている分野がおろそかになってしまうというデメリットがあります。つまり、いずれも人生のバランスを欠いてしまうのです。

　ところが、マンダラチャートは、これらのデメリットをすべて解消してくれます。３×３の９マスに自分の夢や目標を書いていくと、複数の目標をバランスよく叶えていくことができるのです。

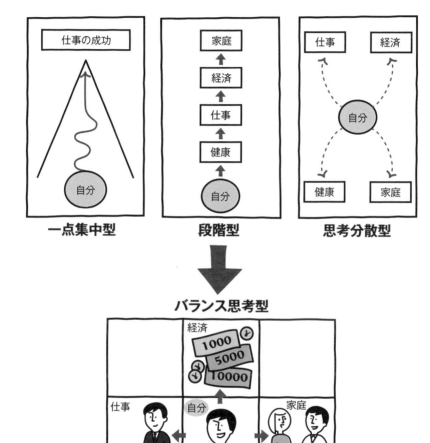

一点集中型

段階型

思考分散型

バランス思考型

マンダラチャートで目標は同時進行で達成できる

全体と部分との関係性が同時にわかる

　マンダラチャートをじーっと見ていると、それまでには思いも寄らなかったようなさまざまなことにハッと気づかされることがあります。それも１度や２度ではなく、気づきが連続してやってきて、それまで停滞していたことが、せきを切ったように一気に進み始めるという経験をすることもあります。これは、マンダラチャートには３つの視点があり、１つの物事をいろいろな視点や角度から眺めることができるために、新しい気づきや発想が生まれやすくなるからなのです。マンダラチャートの持つ３つの視点とは、全体を鳥瞰して見ることのできる「鳥の目（マクロ視点）」、部分の細部に入り込んで見ることのできる「虫の目（ミクロ視点）」、全体と部分の関係性を見ることのできる「魚の目（トレンド）」です。

　マンダラチャートには、３×３の９マスから成るＡ型チャートがあり、それをさらに詳しく展開した81マスから成るＢ型チャートがあります。Ｂ型チャートにはＡ型チャートが内包されていますから、全体という大枠を見ながら同時に部分を見ることができ、なおかつ部分が全体にどう関わっているか、全体が部分にどう関わっているかも仔細に見ることができるようになっているのです。そして、このように物事を複数の視点から同時に見るようになると、私たちの脳が刺激されて、「ひらめき」が生まれやすくなるのです。マンダラチャートは私たちに３つの視点を与えてくれ、創造性を開発してくれるのです。

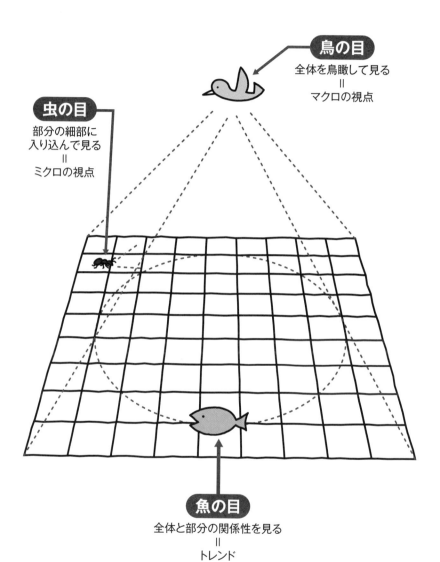

鳥の目
全体を鳥瞰して見る
＝
マクロの視点

虫の目
部分の細部に
入り込んで見る
＝
ミクロの視点

魚の目
全体と部分の関係性を見る
＝
トレンド

マンダラチャートは全体と部分との関係性を
同時に認識し、実践できる

特性 3　あらゆる問題を解決できる

　マンダラチャートは、江戸時代に活躍した俳人・松尾芭蕉が残したとされる「不易流行」という言葉を体現しているメソッドです。不易流行の不易とは「変らないもの・変えてはならないもの」を指し、流行とは「変わっていくもの」を指します。俳句の世界で言えば、五・七・五や季語といったルールは変わることのない不変のルールですが、そのルールの中で表現されるものは、時代とともに移り変わっていきます。

　マンダラチャートも、3×3の9マスで構成され、中心核にはテーマや自分自身を置き、その周りに最大8つの要因を書き込むというルールは変わりません。

　しかし、そのルールの中で行われる問題解決や目標達成などの内容は、実に多種多様です。例えば、マンダラチャートは、経営計画や人生計画にも使えますし、工夫すればスケジュール帳にすることもできます。また、組織の構造図にしたり、プロジェクトの振り返りに使ったり、プライベートの出来事の思い出を記録するツールにできたりもします。マンダラチャートは、使う人の数だけ用途が生まれるのです。

　3×3の9マスで構成されているという「器」がしっかりしているからこそ、その中にどんなものでも入れることができるというわけです。不易流行の概念を体現しているマンダラチャートは、あらゆる問題を解決できる「安定度」と「自由度」を兼ね備えていると言ってもいいでしょう。

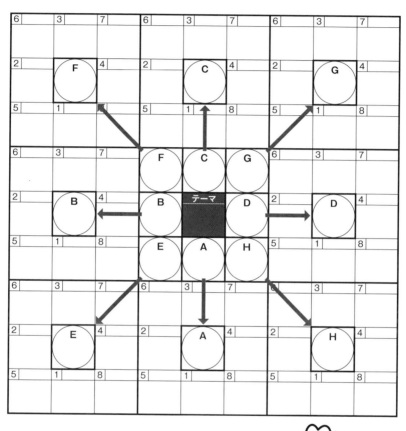

マンダラチャートは、
中心核を持つ3×3のマトリックス(不易)に、
さまざまなコンテンツ(流行)を
乗せられます

発想が広がりながら集約される

　アイデアがなかなか浮かばない、発想力がない……。そんな悩みを抱えている人はたくさんいると思います。そういった人ほど、マンダラチャートのたくさんあるマスを前にすると威圧感を感じてしまって、「こんなにたくさんのマスを埋められるだけのアイデアが出てくるかな？」と心配になってしまうようです。でも、そんな心配は要りません。マンダラチャートという器は、書き始めれば自然と発想ができるようになるものなのです。そして、もっと言えば「自分には発想力がない」と悩んでいるあなたは、実は発想力がないのではなく、発想するための器に出会ってこなかっただけなのです。

　マンダラチャートには、マスがあります。このマスにはめて考えるということには、実に不思議な力があります。やってみればわかりますが、マスを埋め始めると、自然とすべてのマスを埋めたくなるのです。

　マインドマップのように、とにかく思いついたことを枝分かれさせて書いていくメソッドは、とにかくアイデアを出しやすいというメリットがある反面、あまりにも考えが自由に広がってしまうために収拾がつかなくなるというデメリットがあります。また、部分と部分との関係性もわかりづらくなります。ところが、マンダラチャートは、中心核から外に向かって自由な発想を促しつつも9マスで完結しているので、発想が広がりすぎずに「集約」される、つまり「理解しやすくなる」のです。

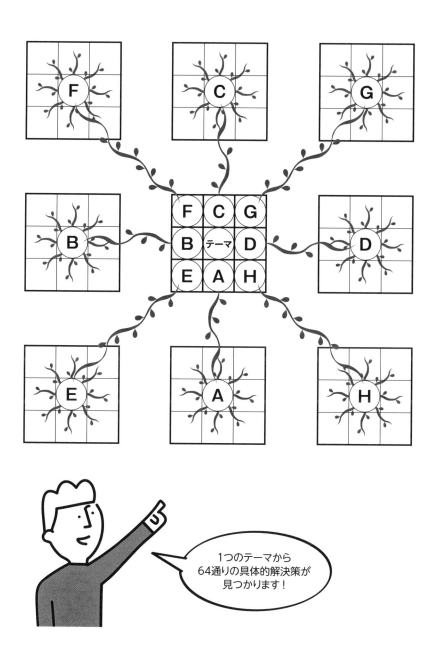

階層化された情報を把握できる

マインドマップやロジックツリーを使ったことがある方ならわかると思いますが、マインドマップやロジックツリーは中心あるいは頂点から自由に発想が伸びていくものの、枝葉の部分に書かれたアイデアと、そもそもの中心テーマとの関係性がわかりにくくなるというデメリットがあります。また、枝葉の部分に書かれたアイデア同士も有機的につながっていないので、それぞれが単独で存在しているように見えてしまいます。

このように、マインドマップやロジックツリーでは、発想は自由に生まれやすくなる反面、全体と部分、部分と部分の関係性がわかりにくくなってしまうのです。

しかし、マンダラチャートを使えば、上の階層と下の階層同士の有機的なつながりが見えるだけでなく、下の階層の項目同士のつながりも視覚化されてはっきり見えるようになるのです。例えば、会社の組織図をロジックツリー的なタテ型の階層図で描くのと、マンダラチャートの組織図で描くのでは、雲泥の差が生じます。

前者では、単に階層を表しているだけですが、後者は、ある課が別の課とどのように有機的に関わり、どんなイシュー（問題）を共有しているか、そして、中心核にある目的のためにどのように貢献すべきかといったところまでがはっきりと見えるようになるのです。マンダラチャートは、論理性とビジュアル性の両方を兼ね備えたメソッドなのです。

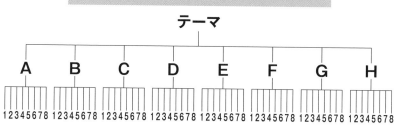

階層型の場合

テーマ

A B C D E F G H

12345678 12345678 12345678 12345678 12345678 12345678 12345678 12345678

- テーマに対する意識が希薄になってしまう。
- 下の階層同士の有機的つながりが見えない。

マンダラチャートの場合

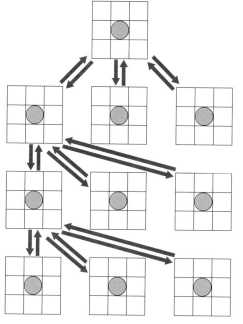

- 常に中心にある
  テーマを意識できる。
- マンダラチャートは
  テーマに項目が接して
  いるため、部分と全体
  の関係性が理解できる。

特性 6　本質を把握できる

　マンダラチャートは、曼陀羅図という仏教の智慧を元につくられています（詳しくはP44、P98以降で解説）。曼陀羅と同じように３×３の９マスで構成されているのは、仏教の曼陀羅が持っている「本質的なことを把握できる」という特性を引き出すためでした。曼陀羅図は「宇宙の本質が空であること」と「心が私たちの人生をつくっている＝唯識」という２つの考え方を表しています。

　詳しくは後ほど説明しますが、宇宙の本質が空であるとはこういうことです。ここにある人がいたとします。その人を誰が見るかによって、つまり、お互いの関係性によってその人の本質はさまざまに変化することになります。このすべてのものは実体がなく、相互関係性によって本質が決まるということを仏教では「空」と表現します。そして、この世に存在するものは、心のあり方次第で変わるという考え方が唯識です。これは、一見「ヘビ」に見えたものが、近づくと実は「縄」であることがわかり、さらによく考えるとその縄は「わら」の集合体に過ぎないことに気づくという現象で説明できます。わらがなぜ縄に見えるかというと、それは私たちがそれを「縄」として認識したいからですし、その縄がヘビに見えたのは私たちが恐怖を感じていたからです。このように、世界というものは心がつくりだしており、私たちの心が変われば世界も変わるのです。マンダラチャートを使うと、物事の本質を自然と理解できるようになります。

この世に存在するすべてのものに実体はない＝空

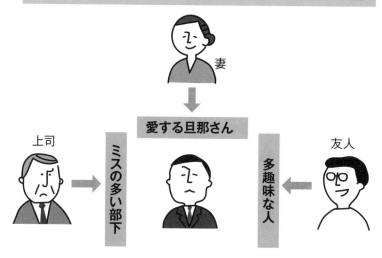

この世界は心がつくりだしている＝唯識

本当は縄が落ちているだけなのに、それがヘビに見えてびっくりしてしまうことがあります。それは、私たちの心が「恐怖」を抱いていたから、縄がヘビに見えたわけです。しかし、その縄をよく見てみると、元はわらでできたものに過ぎないことがわかります。これが、世界は私たちの心がつくりだしているということなのです。

情報を共有できる

　マンダラチャートは、A型チャートの場合は中心核を除いたエリアにA
～Hまでの記号が振られ、それをさらに詳しく展開したB型チャートには、
P35のように中心核のエリアの真ん中にテーマ（このマスをトランクと呼
びます）が、そしてその周りのマスにA～Hが割り当てられ、それがさ
らに中心エリアの周囲にある8つのエリア（ブランチと呼びます）の中
心核になっています。そして、8つのエリアの中心核以外のマス（リーフ
と呼びます）には1～8までの数字が一定のルールに則って割り振られて
います。これらの記号と数字は、いわばマンダラチャート上の場所を示す
「番地」のようなものになります。

　ですから、A～Hまで、1～8までの割り振る順番をいったん覚えてし
まえば、「Dの2」と言われた瞬間にどのエリアのことを指しているのか
が瞬時でわかるようになります。「売上について書いたところを見てくだ
さい」と言われても戸惑いますが、「Eの3」と言われたら瞬時に参照でき
ますよね。

　こうすることで、情報の共有が容易になるのです。マンダラチャートは、
一人だけで作成して活用することができるものですが、複数のグループで
同じテーマのマンダラチャートをつくって、問題解決や商品開発、計画立
案などに使うこともできます。そんなとき、各エリアに番地があることが
とても役に立つのです。

- センターエリア、各エリア、各リーフに番地がついているので、
  複数の人で入り組んだ情報を共有できる。
- 会議、講演資料、テキストなどに効果的である。
- 各エリア、各リーフに番地が設定できるので、
  人生設計など作成する際に効果的に活用できる。

特性8 ビジュアル化ができる

　マンダラチャートの強みは、何といってもこの3×3の9マスで構成されているビジュアルです。これは、実際に使ってみると、誰もが感心するのではないでしょうか。

　例えば、P37の比較図を見てください。複数の情報をずらーっと箇条書きにした場合だと、こんなふうな見た目になります。確かに書いてあることは理解できるものの、すんなり頭に入ってくるでしょうか？　ほとんどの方はじっくり読まないと全体像を把握することが難しいはずです。そして、どの項目がどの項目と関係があるかという項目同士の関係性も、すぐには理解できないでしょう。

　これは、ロジックツリーのような構造でも同じです。ロジックツリーを見るときは、ツリーの枝を何度も往復しながら何が書いてあるのかを把握しなければなりませんので、全体像の把握が難しく、枝同士の関係性もなかなかすぐには理解できません。

　しかし、マンダラチャートなら、このように最も重要なテーマを中心として、それに隣接する形で8つの要素が展開しており、全体像がひと目で容易に把握できる上、部分と部分同士の関係性もすぐに理解できます。

　これだけビジュアル化されていると、まず理解がしやすくなり、理解しやすいと印象に残りやすくなり、印象に残れば後で人に向かって説明するのも容易になります。

箇条書きで書いたものとマンダラチャートで書いたものの違い

【箇条書きで記入した場合】…文字が羅列されている印象を受ける

★事例：クレームを解決する

A　クレーム発生時の対応
　①まず、詫びる
　②言い訳をしない

B　クレーム原因の発見
　①現実の確認で問題をつかむ
　②原因を理解し問題をつかむ

C　クレームを削減する組織対応
　①クレームカルテ
　②クレーム会議（Dエリアで展開）

D　クレーム対策の内容
　①3カ月ごとにチェックする
　②ロールプレイングで訓練

E　クレーム防止策
　①おもてなしの心
　②笑顔と丁寧な言葉

F　クレーマー対応
　①厄介なお客様
　②事実確認

G　お詫び状の書き方
　①落ち度を認める
　②再発防止策を入れる

H　クレームの活かし方
　①理念の確立
　②経営計画書にも記載

【マンダラチャートで記入した場合】…まとまりがあり視覚に入りやすい

F　クレーマー対応	C　クレームを削減する組織対応	G　お詫び状の書き方
①厄介なお客様 ②事実確認	①クレームカルテ ②クレーム会議 　（Dエリアで展開）	①落ち度を認める ②再発防止策を入れる
B　クレーム原因の発見	★事例	D　クレーム対策の内容
①現実の確認で問題をつかむ ②原因を理解し問題をつかむ	クレームを解決する	①3カ月ごとにチェックする ②ロールプレイングで訓練
E　クレーム防止策	A　クレーム発生時の対応	H　クレームの活かし方
①おもてなしの心 ②笑顔と丁寧な言葉	①まず、詫びる ②言い訳をしない	①理念の確立 ②経営計画書にも記載

マンダラチャートは箇条書きよりも視覚的に頭に入りやすい！

マンダラチャートはこんな場面で使える！

F 自己管理	C ひらめく	G 学習
●ダイエット ●健康管理	●アイデア出し ●ブレインストーミング ●商品開発	●資格、語学などの勉強 ●読書の感想
B 整理する	**テーマ**	**D 時間・タスク管理**
●問題解決 ●複雑な物事の整理	仕事も プライベートも 全部うまくいく！ マンダラチャートの 使い方	●スケジュール管理 ●タスク管理 ●人生計画
E ビジネスに活かす	**A 目標達成**	**H 記録**
●事業計画書の作成 ●組織図の作成	●ゴールへの到達 ●理想の実現 ●自己実現	●議事録をまとめる ●旅行記をまとめる

たったこれだけ！
マンダラチャート活用法

マンダラチャートは、目標達成と問題解決の最強ツールです。3×3の9マスから成るA型チャートとそれを発展させたB型チャートは、一見、難しく感じるかもしれません。ですが、その活用法は実にシンプルで簡単です。

なぜマンダラチャートは
不思議な力があるのか?

　マンダラチャートには、なぜ私たちの目標達成や問題解決を助けてくれる不思議な力があるのでしょうか?

　マンダラチャートを書き出してみると、多くの人が初めのうちは「9つのマスに何かを書くなんて難しそう」と感じると思います。でも、いざ書き始めてみると、意外にもマス目をちゃんと埋められてしまうのです。

　なぜかというと、例えば中心核に目標や課題を書いて、まずはそれに接する4つのマスに中心核と関係の深い事項を書きます。そして、中心核と接していないマス目にも書き込むわけですが、だいたいの人はこのあたりで何を書いたらいいか迷うようになります。しかし、人間というものは、全部で9つあるマスのうちの半分以上を埋めた状態になると「残りのマスも全部埋めて、この図を完成させたい!」と思うようになるのです。だから、マンダラチャートをいったん書き始めると、たいていの人は、時間がかかったとしても最後のマス目まで埋めようとするのです。

　そして、完成したチャートをよく見てみましょう。マンダラチャートの開発者である松村寧雄氏は、マンダラチャートにはチャプター1で紹介しているように、3つの視点があると説明しています。9マスのそれぞれの関係性を見ていると、物事をさまざまな視点から見ることができるようになり、結果的に多くの気づきが得られるのです。この部分と全体との関係性から生まれる気づきこそが、マンダラチャートの不思議な力なのです。

マンダラチャートは3つの目を兼ね備える？

6	3	7
2	テーマ 人格	4
5	1	8

6	3	7
2	テーマ 経済	4
5	1	8

6	3	7
2	テーマ 学習	4
5	1	8

6	3	7
2	テーマ 仕事	4
5	1	8

F [人格]	**C** [経済]	**G** [学習]
B [仕事]	テーマ 今年の目標	**D** [家庭]
E [社会]	**A** [健康]	**H** [遊び]

6	3	7
2	テーマ 家庭	4
5	1	8

6	3	7
2	テーマ 社会	4
5	1	8

6	3	7
2	テーマ 健康	4
5	1	8

6	3	7
2	テーマ 遊び	4
5	1	8

マンダラチャートは、
全体を鳥瞰して見る鳥の目（マクロ）、
部分の細部に入り込んで見る虫の目（ミクロ）、
全体と各部分との関係性を見る魚の目（トレンド）の
3つの視点を兼ね備えています。
その3つの視点から眺めてみると、
さまざまなことに気づき始めるはずです

マンダラチャートは目標達成と問題解決で絶大な威力を発揮

　マンダラチャートには、物事の全体と部分との関係性をひと目で把握することができるという特長があります。そして、なおかつその全体と部分との関係性からさまざまな気づきが得られるために、「目標達成」と「問題解決」において絶大な威力を発揮してくれるのです。

　それでは、具体的に目標達成や問題解決にマンダラチャートをどのように使うのかを見ていきましょう。まず、マンダラチャートを目標達成と問題解決のどちらに使うのかを決めましょう。そして、仮に目標達成のためにチャートを書くと決めたら、中心核にあなたの「目標」を書きます。

　そして、その目標を中心として、周辺のマスに目標達成のための「アイデア」や「ヒント」など、思いついたことを書き込んでいくのです。「年収1000万円を達成したい」という目標なら、それを達成するために今考えられるアイデアや、その障害となっている要因などを書き込んでいくわけです。

　また、問題解決のためにチャートを書く場合には、周辺のマスにはそれを解決するための手段、反省点、注意点などが展開されていくようになります。このように、マンダラチャートは、中心核に書き込んだテーマに関連することをその周辺のマスに何でも書き込んでいくことで、その内容が自然に掘り下げられ、頭の中のモヤモヤした考えがはっきりとした姿で視覚化されていき、具体的なアクションへとつながりやすくなるのです。

目標達成のツールとして使う

中心核を「目標」に設定することで、計画力と達成力がUP

仕事
達成したい目標、
事業計画、
プロジェクト立案

中心核
目標

スケジュール
1年間の計画、
今月の計画、
人生の目標

プライベート
取得したい資格、
語学の勉強、
ダイエット、
健康管理

問題解決のツールとして使う

中心核を「課題」にすることで、思考や情報整理が進む

仕事
問題解決、
アイデア出し、
ブレインストーミング、
商品開発

中心核
課題

スケジュール

残業を減らす、
休みを増やす

プライベート
私的なものの
購入計画、
家族の悩み、
旅行計画

マンダラチャートには
なぜ9マスあるのか?

　マンダラチャートは、仏教の一流派である密教で用いられている曼陀羅図をヒントに開発されました。曼陀羅図とは、文字が読めない人びとでも仏の教えやこの宇宙の構造をひと目で理解できるように描かれた図のことです。曼陀羅とは、仏教発祥の地インドの古代語であるサンスクリット語で「本質を所有するもの」を表す言葉です。本質とは、仏教においては宇宙の真理のことを意味しており、これをあらゆる意味で会得したとき、私たちはいわゆる悟りの境地に到達できるとされています。

　仏陀の死後、弟子たちは、この宇宙の真理を誰にでもわかりやすく、しかも視覚的に表現しようとしました。その結果として誕生したのが曼陀羅だったのです。曼陀羅図は、いわば宇宙の真理を絵で表現しようとした「智慧の結晶」のようなものなのです。

　曼陀羅には、胎蔵界曼陀羅と金剛界曼陀羅の2種類がありますが、マンダラチャートは3×3の9つのマスで構成されている金剛界曼陀羅を元に考案されました。金剛界曼陀羅は、中心となる部分に宇宙の真理そのものを体現した大日如来を置き、その周りの8つのマスに仏の世界や人びとの救済など、大日如来の智慧を表現しています。

　仏教の誕生以来、2000年以上の時を経てもなお仏教の深遠な哲学は、時代を超えた価値を持っています。マンダラチャートは、その仏教の深い智慧が込められたツールなのです。

金剛界曼陀羅の構造

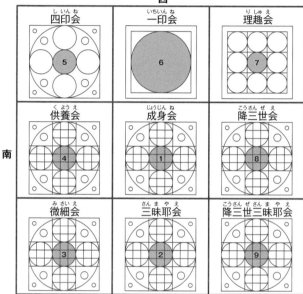

西

四印会 （しいんね）	一印会 （いちいんね）	理趣会 （りしゅえ）
5	6	7
供養会 （くようえ）	成身会 （じょうじんね）	降三世会 （こうさんぜえ）
4	1	8
微細会 （みさいえ）	三昧耶会 （さんまやえ）	降三世三昧耶会 （こうさんぜさんまやえ）
3	2	9

南　　　　　　　　　　　　　　　　　北

東

金剛界曼陀羅の
3×3＝9マスの構造が、
そのままマンダラチャートの
構造になっているのが
わかりますか？
マンダラチャートには、
仏教の素晴らしい智慧が
込められているんです

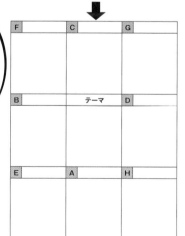

F	C	G
B	テーマ	D
E	A	H

A型チャートを埋める順番は
金剛界曼陀羅が元になっている

　さて、それではマンダラチャートの具体的な書き方について見ていきましょう。A型チャートを初めて見た方は、A〜Hのアルファベットが不思議な順番で振られていることに違和感を覚えるかもしれません。中心核のすぐ下がA、そして中心核の左側がBで、その後は時計回りにDまで割り振ったと思ったら、今度はEが左下のマス目になり、また時計回りにHまで振るのです。

　もちろん、A〜Hまでの順番は、チャートを埋めていく順番でもあります。基本的にAを埋めたらB、Bを埋めたらCと進んでいきます。なぜこのような順番なのでしょうか。その理由は、前項で紹介した密教の金剛界曼陀羅です。金剛界曼陀羅では、中心に配置された大日如来から、東→南→西→北の順番に大日如来に準ずる如来が配置されています。そして、「東」は曼陀羅においては右ではなく下なので、Aは中心核の下に位置しているということなのです。A〜Dは、中心核とそれぞれ接していますから、中心核のテーマとの関係性が近いことを書いた方がいいでしょう。そして、すべて埋まったら、今度は四隅を埋めていきます。このとき、そのマス目が隣接しているマス目の内容との関係性について考えながら内容を考えてみましょう。A型チャートを書く際には、必ずしもこの順番を守る必要はありませんが、この順番で書く方が曼陀羅の深い智慧と、マンダラチャートの不思議な効果をより実感できるのではないかと思います。

A型チャートとは？

F	C	G

B	テーマ	D

E	A	H

A型チャートは3×3の9つのマス目の中心に「テーマ」を置いて、そのテーマの
マス目に隣接している4つのマス目を埋めてから、そのさらに外にあるマス目を
埋めていくように書き込んでいきます。

B型チャートはA型チャートをさらに展開させるときに使う

　次に、B型チャートの書き方について見ていきましょう。

　B型チャートは、基本的にA型チャートをまずつくってから、それをさらに深く掘り下げたいときに展開する形でつくりましょう。つまり、いきなりB型チャートから取りかかるのはおすすめしないということです。なぜなら、B型チャートはマス目が多すぎて、全部を埋めるのに時間も労力もかかるので、ほとんどの方がいきなり書こうとすると挫折してしまうからです。B型チャートの中心核にあたる部分には、A型チャートの「トランク」と「ブランチ」をそのまま書き写してください。つまり、B型チャートの中心核＝A型チャートになるようにするということです。

　そして、そのブランチをB型チャートの中心核の周りに配置されている8つのエリアの中心に書き写します。B型チャートの中心核の周辺のマス目は、A～Hではなく1～8の番号を振ります。番号の順番はA～Hのときと同じく、中心から下→左→上→右→左下→左上→右上→右下です。

　このようにしてみると、B型チャートはA型チャートのブランチをさらに詳しく分析するために「展開させた」ものだということがよくわかると思います。とはいえ、A型チャートとB型チャートには優劣はありません。B型の方が複雑だからA型よりも上というわけではなく、時と場合に応じて簡潔かつ手軽にチャートを書きたいときはA型、詳しい分析や考察をしたいときはB型と使い分ければ大丈夫です。

B型チャートとは？

　B型チャートは、A型チャートのマスをさらに3×3の9つのマスに細分化したものです。中心のテーマに書き込んだA～Hのマスを、外周の大きなマスの中心核として配置して、個々の分野について詳しい分析や考察を加えていきます。

「マスにはめて考える」ことで
自由な発想が浮かぶ

　マンダラチャートを未だ経験したことがない方の中には、マス目の中に発想を書いていくというスタイルに疑問を抱いている方もいるかもしれません。「発想というものは自由であるべきであって、数の限られたマスの中に閉じ込めてしまうのは良くないのでは？」と考える方もいるでしょう。

　しかし、ちょっと待ってください。完全に自由なルールの下でしか、自由な発想は出てこないというのは誤解です。例えば、会議の席などで「何でもいいからアイデアを出してください」と言われると、かえって何を言ったらいいかわからなくなって、全員が口をつぐんでしまうということを経験したことはないでしょうか。

　それよりも、もっと具体的な呼び水になる質問を投げかけられる方が、私たちの頭は自由に発想しやすくなります。例を挙げると「1年後にこの会社にはどうなっていてほしいですか？」「この商品を海外の人にも買ってもらうにはどんな宣伝を打った方がいいと思いますか？」などなど。

　こうした枠組みを与えられる方が、私たちの脳は活性化し、具体的なアイデアが出やすくなると思いませんか？　P51のように、ワクにはめない思考はとりとめがなくなり、後で読み返したときに内容が散漫なので頭に入ってきにくいというデメリットがありますが、逆にマンダラチャートのようにワクにはめる思考だと具体的なアイデアがどんどん出てきますし、読み返したときに内容が理解しやすい形になっているのです。

ワクを持たない思考

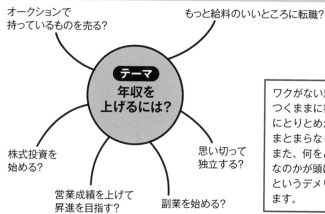

オークションで
持っているものを売る？

もっと給料のいいところに転職？

テーマ
年収を
上げるには？

株式投資を
始める？

思い切って
独立する？

営業成績を上げて
昇進を目指す？

副業を始める？

> ワクがない思考は、思いつくままに書き出すためにとりとめがなくなり、まとまらなくなります。また、何をどうするべきなのかが頭に残りにくいというデメリットがあります。

ワクにはめて考える思考

F 好きなこと	C 転職する	G 支出の見直し
●自分の好きなプラモデルでお金を稼げないか ●模型関係のYouTubeを始めてみる	●よりよい給料の転職先を探す ●今の職場をいつ辞めるべきか考える	●収入を増やすのではなく支出を減らす ●家計簿をつける
B 資産運用	**テーマ** 年収を 上げるには？	**D 昇進を目指す**
●株式投資の勉強を始める ●詳しい先輩に話を聞いてみる		●昇進するには何が必要かを調べる ●資格試験の準備をする
E 副業	**A 独立する**	**H 持っているものを売る**
●空き時間にできる副業を調べる	●独立資金はいくら必要なのか ●独立するのに足りないスキルは何か	●使っていないものをリストアップ ●どこで売るのがいいか調べる

> このように、ワクにはめて考えることで、思考がより具体的になっていくとともに、3×3のマスをすべて埋めようとするので、それまでは意識していなかったことに気づいたり、新しい発想が生まれたりします。

記入するときは手書きとパソコンどちらがベスト?

マンダラチャートを書くとなると、「手書きで書くか?」「パソコンを使って書くか?」で迷われるかもしれません。こういったチャートを書くときには、手書きで書かないと脳が刺激されないし、ありがたみがないと感じる人もいるでしょう。一方で、ノートなどに手書きをするのは面倒くさいので、パソコンでテンプレートをつくってそこに入力していく方が手軽でいいと考える人もいるのではないでしょうか。

結論から言うと、マンダラチャートは手書きでもパソコン入力でもどちらでもOKです。手書きの良さを選ぶも良し、パソコン入力の良さを選ぶも良し、あなたの好きな方を選んでいただければと思います。

ただし、ぼくの個人的なおすすめは、どちらかと言えば、パソコンによる入力です。パソコン操作にある程度通じている人でしたら、エクセルなどの表計算ソフトを使ってマンダラチャートの雛形をつくっておくことができると思います。エクセルのセルを「マス目」に見立ててれば、作成はそれほど難しくないはずです。

パソコンでマンダラチャートをつくる最大のメリットは、何といっても手軽さです。思いついたことをどんどん入力していけばいいですし、データですから、フォルダごとに整理・保存しておくことができます。さらに工夫すればデジカメで撮影した写真やインターネットサイトや動画のURLなどもマンダラチャートの中に貼り付けることも可能でしょう。

マンダラチャートは手書きでもパソコンでも書ける！

	A	B	C	D	E	F	G	H	I	J
1										
2										
3				マンダラチャート（目標設定シート）						
4										
5		作成日：	年　月　日		メモ：					
6										
7										
8			手段F			手段C			手段G	
9										
10					手段F	手段C	手段G			
11			手段B		手段B	目標	手段D		手段D	
12					手段E	手段A	手段H			
13										
14			手段E			手段A			手段H	
15										
16										
17										
18										
19										

> マンダラチャートは
> 手書きじゃなくても、
> このようにエクセルなどの
> 表計算ソフトのマス目を使って
> 作成してもいいでしょう。
> 手書きでもパソコンでも、
> とにかく思い立ったらすぐに
> 書き込める態勢を整えて
> おくことが大事です

書くときのコツは
「グ・タ・イ・テ・キ・ニ」書くこと

　いざマンダラチャートを書こうと意気込んではみたものの、何をどう書けばいいのかわからない……、と出だしからつまずいてしまう人もいるでしょう。

　基本的にマンダラチャートの書き方には、「こうしなければいけない」という決まりはありません。しかし、「こう書くとマンダラチャートの効果を120%引き出せますよ」というコツは存在します。

　マンダラチャートを書くときのコツは、「グ・タ・イ・テ・キ・ニ」書くこと。まず、「グ」は「具体的に書く」。できるだけ抽象的な概念ではなく具体的な内容を書くようにすること。きちんとした文章として書きにくければ、箇条書きにしてどんどん書いていきましょう。「タ」は「達成可能なことを書く」。あまりにも高い目標を書いてしまうとそれだけで挫折しやすくなるためです。「イ」は「意欲が持てることを書く」。人から与えられた目標ではなく、自分の心から湧き上がってくることを目標に設定しましょうという意味です。「テ」は「定量化して書く」。自分の目標やノルマを数値化することで、より具体的なビジョンを描けるようになります。「キ」は「期日を決めて書く」。目標を達成するには期日を決めることが威力を発揮するためです。そして、最後の「ニ」は「日課にするつもりで書く」。日課にして継続できるような具体的な行動を意識して書くことで、マンダラチャートがあなたを突き動かしてくれるようになります。

マンダラチャートは「グ・タ・イ・テ・キ・ニ」書く

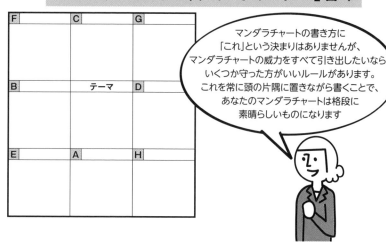

F	C	G
B	テーマ	D
E	A	H

> マンダラチャートの書き方に「これ」という決まりはありませんが、マンダラチャートの威力をすべて引き出したいなら、いくつか守った方がいいルールがあります。これを常に頭の片隅に置きながら書くことで、あなたのマンダラチャートは格段に素晴らしいものになります

グ = 具体的に書く
具体的な行動を書くことで、実際の行動につながり、素早いアクションに移ることができます。

タ = 達成可能なことを書く
どう頑張っても達成できないような目標を設定せずに、自分が達成できる目標を書きましょう。

イ = 意欲が持てることを書く
自分の心から湧き上がってきた、「やりたい」という意欲を感じられることを書きましょう。

テ = 定量化して書く
ただ「これをする」ではなく、「これを○○時間する」などのように、時間・回数・日数・金額などを定量化して書きましょう。

キ = 期日を決めて書く
自分のやろうとしていることには、期日を定めましょう。期日を決めることでモチベーションに変化が起きます。

ニ = 日課にするつもりで書く
できるだけ日課にできることを書きましょう。そうすることで、毎日の自分の行動が変わっていきます。

マスを埋めるときは「あり方」と「やり方」を意識する

　A型チャートは全部で9つのマスしかありませんので、比較的すべての
マスを埋めやすいと思いますが、B型チャートとなると全部で81マス（中
心核の9マスと周囲のブランチの中心核8マスを除けば64マス）もあり
ますので、多くの方が「こんなにたくさんのマスを全部埋められるかな？」
と不安になってしまうようです。

　でも、まったく心配する必要はありません。マンダラチャートのマスは
全部埋められなくても問題ないのです。今すぐ全部を埋める必要はなく、
後から思いついたらそのときに埋めればいいのです。

　そして、「人生のバランス度」（P152～155）のところで詳しく述べま
すが、すぐに埋められないマスにも実は意味があります。すぐに埋まるマ
ス目とすぐに埋められないマス目に差があるということが、あなたの今の
状態を表しているからです。自分が今どういう状態で、どこに向かってい
るのかをその差が教えてくれるのです。

　とはいえ、できるだけマスを多く埋めるためのコツをご紹介します。マ
ス目に何かを書くときに「あり方」と「やり方」を意識するというコツで
す。「自分はこうありたい」というあり方を書いてみる、その後で、そう
なるためには「どうしたらいいのか」というやり方を書いてみるのです。
あり方とやり方を常に自分に問いかけてみると、マス目がどんどん楽に埋
まっていくはずです。

すべてのマスを埋める必要はありません

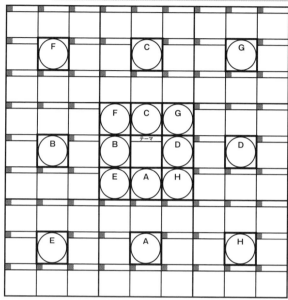

マスはできるだけ埋める方がいいですが、無理してすべてを埋めようとする必要はありません。まずは、書き出してみて、あとで少しずつマス目を埋めていけばいいでしょう。マス目の埋め方は、下のやり方を参考にしてください。

あり方をまず考えたら、次にやり方を考えよう！

あり方

● 残業をほとんどしない状態になる
● 昇進試験に今年中に受かりたい

やり方

● 仕事の優先順位を決めて早い時間にこなす
● スキマ時間に勉強をすることを日課にする

マンダラチャートは
最初から完璧を目指す必要はない

　マンダラチャートを書くときは、本当に肩肘張らずにリラックスして書きましょう。その方が、いろんなアイデアが湧きやすくなります。そして、マンダラチャートは、1回で仕上げるつもりで書こうとしなくてもかまいません。一度書いたチャートを後から見返して、内容を修正したり、付け足したりしてもOKです。

　大切なのは、どう書くかではなくて、どんな内容を書くかですから、一度で全部をきれいにまとめなきゃ！　と自分にプレッシャーをかける必要はありません。また、まったく同じテーマのマンダラチャートを何度も書くこともおすすめです。そうすることで、自分の考えやアイデアがどのようなプロセスを通って「バージョンアップ」してきたかがひと目でわかるようになるからです。ただし、その場合は、それぞれのマンダラチャートのバージョンに日付を入れておくことをおすすめします。パソコンで同一テーマに対して複数のチャートを作成する場合は、保存時に上書き保存ではなく「名前をつけて保存」でファイル名を変えるようにしましょう。

　なぜ、過去のマンダラチャートを保存しておいた方がいいかというと、変更や修正を加えた結果できあがった最新のチャートよりも、一番最初につくったチャートの方が良かったことに気づくということがよくあるからです。そして、自分の考えが、どのように生まれ、どのように変化していったかを見ることで、さらなる気づきが得られることもあります。

マンダラチャートは書き直してもOK！

日付：6月30日

F		C 食事	G
B 筋トレ	テーマ **年内に 10kg 痩せたい！**	D 間食	
E エステ	A 美容	H	

日付：7月13日

F		C 食事	G 筋トレ
B エステ	テーマ **年内に 10kg 痩せたい！**	D ファッション	
E 美容	A ランニング	H 間食	

日付：9月2日

F エステ		C 食事	G 菜食主義
B 筋トレ	テーマ **年内に 10kg 痩せたい！**	D ヨガ	
E 美容	A ランニング	H 間食	

マンダラチャートは、
一度書いたらおしまいではなく、何度も書き直していいものです。
時間の経過にしたがって、内容が充実したり、変化したりしてもOK。
大事なのは、一つひとつのチャートに「日付」を入れておくこと。
こうすることで、自分の思考がどう変化してきたかが
よくわかるようになります

マンダラチャートは常に見える ところに置くことで威力が倍増

　あなたは、「カラーバス効果」という言葉を聞いたことがあるでしょうか？　カラーバス効果とは、心理学の用語で、「人間が特定のものに意識を向けていると、それに関連する情報が自然と目にとまりやすくなる効果」のこと。色を意味するcolorと、浴びることを意味するbathとを組み合わせてつくられた言葉です。心理効果を表す言葉ですが、現在はアイデア発想法の一つとして幅広く用いられている概念でもあります。

　カラーバス効果の具体例を挙げると、例えば、町並みや雑踏を眺めているときに「赤いものに意識を向けてください」と言われると、それまではほとんど意識されていなかった「赤いもの」が、どんどん目につくようになることがあります。これが、カラーバス効果です。

　つまり、私たちは、見たいと思っているものに意識を向けており、見たいと思うからこそさまざまな情報に気づくようになるというわけです。

　この心理効果は、アイデアを発想する上で、とても役に立ちます。なぜなら、そのアイデアのことを常に意識していれば、それに関連する情報にどんどん気づきやすくなるからです。逆に、そのアイデアを意識しないで過ごしていると、せっかくそのアイデアを磨き上げるのに必要な情報が目の前を通り過ぎても、気づけないかもしれないのです。

　さて、このカラーバス効果を踏まえると、私たちがつくるマンダラチャートは、よく目に触れる場所に置いた方がいいということがわかると思いま

す。マンダラチャートを目標の達成や課題の解決に使うなら、なおさらそのチャートを常に意識しつづけることが大切でしょう。

　例えば、デスクの近くに紙に印刷して貼っておいたり、スマートフォンの待ち受け画面やパソコンのデスクトップ画面にしたりしてみましょう。そうすると、その画面ではチャートの詳細まで読むことができないかもしれませんが、そのマンダラチャートが何のためにつくられたのかという「目的」を常に意識することができます。その結果、あなたの意識が、目標達成や課題解決に必要な情報にどんどん気づくようになり、それらを拾い上げて、あなたに気づかせてくれるようになっていきます。

　そして、それらの気づきをさらにマンダラチャートに盛り込むことで、あなたの思考や発想はとどまることなくバージョンアップしていき、さらには具体性も増していくので、行動につながりやすくなっていきます。

　社内でマンダラチャートを実践している企業では、複数の人びとで共有しているマンダラチャートを誰からもよく見える場所（壁など）に貼りだしているところもあります。オフィスの壁以外にも、ドアやトイレの壁など、あなたがよく目にする場所に貼るといいでしょう。

　個人的におすすめしたいのが、マンダラチャートを紙に印刷して、手帳に貼っておいたり、あるいは折りたたんで手帳やノートに挟んだりして持ち歩くことです。こうすれば、ちょっとした休憩時間などにすぐに取り出してマンダラチャートを眺めることができます。

　大切なのはつくったマンダラチャートを頻繁に「目にする」こと。カフェでくつろいでいるとき、仕事の休憩時間、帰りの電車の中、夜眠りにつく前のベッドの中など、事あるごとにマンダラチャートを眺めるだけで、カラーバス効果が発動して、あなたの意識に変化が起きるようになるのです。ぜひ、マンダラチャートをつくったら何度も目にするようにしましょう。

マンダラチャートをつくったら 必ず振り返りをしよう

　あなたは、仕事や学業で何か一区切りがついたとき、「振り返り」を実践していますか？　振り返りとは、英語で「reflection（リフレクション）」と呼ばれ、自分の行動や言動を後から振り返ることで客観的に分析し、次の行動に活かすべき改善点を突き止める手法のことです。

　振り返りと聞くと「反省」のことを思い浮かべる人がいますが、振り返りと反省との間には明確な違いがあります。

　反省は、主に私たちが何か失敗したとき、ミスをしたとき、目標を達成できなかったときに、ネガティブな意味でその原因や責任を突き止めるために行われます。

　しかし、振り返りはネガティブな結果を生んだ行動や言動にとどまらず、うまくいった行動や言動に対しても行われるものなのです。要するに、反省は失敗の原因と責任のありかを突き止めるために行われますが、振り返りは純粋に「物事や自分自身を改善する」ために行われるのです。

　振り返りをすることから得られるメリットはいくつかあります。まず、自分の行動や言動を客観視することができ、その結果として改善点が浮き彫りになるということ。物事を改善するためには、その物事を客観的に認識する必要があります。そうしないと、私たちはどうしても主観的に、感情をまじえて物事を捉えてしまい、どこを改善したらもっと良くなるのかがわからないままでいることが多いからです。

　そして、振り返りは、成功に対しても失敗に対しても行うので、自分の行動や言動の「良かった点」「うまくいった点」についても行います。これによって自己肯定感がグングン上がっていくのです。反省ばかりしている状態では、逆に「悪かった点」「うまくいかなかった点」にだけフォーカスしますから、自己肯定感は上がりません。なので、振り返りをよくするようになると、私たちは次第に前向きで、積極的な姿勢が自然と身につけられるようになるのです。

　さて、マンダラチャートを活用する上でも、この振り返りがとても重要です。むしろ、マンダラチャートを書くプロセスよりも、書いた後の振り返りのプロセスの方が重要だと言っても過言ではありません。マンダラチャートを使っている人はたくさんいますが、その中でも目標をちゃんと達成できている人は、ほとんど例外なくマンダラチャートの振り返りができている人です。

　自分がつくったマンダラチャートときちんと向き合って、そこに書かれてあることのどこまでを実現でき、どこに改善点があるのか、そもそも大幅修正を加えた方がいいのかどうかなどを定期的に振り返ることで、私たちの行動も変わっていきます。

　マンダラチャートの振り返りは、できれば定期的に時間を取って行うのがおすすめです。例えば、毎週土曜のこの時間に20分だけ行うとか、月末に30分だけ振り返ってみるとか、毎晩眠りにつく前にその日一日の行動をマンダラチャートと関連付けて振り返ってみるのもいいでしょう。

　その振り返りの時間に意識していただきたいのが、成功したことも失敗したことも、達成できたことも未達成のことも、すべてひっくるめて振り返ることです。そうすることで、あなたのモチベーションが高い状態で維持されるようになります。

A型チャート活用事例①

　こちらのA型チャートを作成したのは、60代の主婦、齋藤さんです。中心となるテーマは「年末の大掃除をかえる」です。齋藤さんは、それまで12月になると家族総出で行う大掃除を楽しんでいましたが、参加者が減ったことで、どうしても所々省略してしまったり、腱鞘炎になりそうになってしまったりしたことで、自分の手への負担も考え、年末の大掃除の仕方を全面的に見直そう！　と思い立ち、このマンダラチャートを作成されたとのことです。

　齋藤さんは、まず、年末の大掃除のプロセスを１〜12まで必要度に応じ、季節ごと、月ごと、１週間ごと、毎日するものなどにグループ分けしたそうです。そして、年末にこだわってやりたいものだけは少し軽めにしておくにとどめたそうです。

　齋藤さんの年末大掃除見直し作戦のポイントは、本書でものちに説明する「年間先行計画」です（P146参照）。これは、１年間にやるべきことをあらかじめスケジュールに組み込み、それを確実に実行するために月間スケジュールに組み込むという管理法です。つまり、年末の大掃除を１年かけて分割して行うことで、年末になって膨大な量の掃除をしなくて済むようにするというのが、齋藤さんのもくろみだったわけです。

　この結果、中心核のテーマ欄には、年末掃除が少なくなったという素晴らしい結果が書き込まれることになりました。

㋑……ついでに掃除

F	秋（10月）	C	月に1回（30分）	G	春（4月末）
●レースのカーテン洗濯 ●天井と壁のほこり落とし ●クローゼット・押し入れの 　整理整頓　2日間		●ワックスがけ ●冷蔵庫パッキン		●換気扇 　（つけ置き含まず40分） ●レースカーテン洗濯 ●クローゼット整理整頓 　2日間	

B	週1回（15分）	年末の大掃除をかえる	D	ポイント
●どの棚も1つ掃除 　時間守る 　┌ 7月〈調味料台〉 　│ 8月〈クツ箱〉 　│ 9月〈食器棚〉 　│ 10月〈木箱〉 　│ 11月〈家事棚〉 　└ 12月〈冷蔵庫〉 ●床拭き㋑ ●ドア拭き㋑ ●スイッチコンセント拭き㋑		少なくなった年末掃除 1　天井・壁のほこり落とし 2　玄関・水回りの 　　ていねい掃除 3　照明器具拭き 4　換気扇洗い 5　子ども達・夫の 　　やりたい所		●一日の中で整理整頓の時 　間を掃除と同じだけする ●予定の時間が来たら終了 　（けっこうできない） 　→レベルアップにつながる ●片づけは前もってイメー 　ジをつくっておく ●すぐに掃除できるよう掃 　除用カゴをつくる 　（洗剤、布、 　ブラシetc 　入れる）

E	毎日（外出日）	A	毎日（在宅日）	H	いつも気持ちよく
1　ホコリをつもらせない 　　ようにハタキをかける 　　　　　　　　重要 2　朝の10分掃除㋑ 　　洗面所、トイレ、玄関 　　すべてを10分で終了 3　寝る前の10分片づけ		1　掃除機、ハタキは交互に 　　（掃除できないとき、とりあえず 　　ハタキをかける） 2　朝の10分掃除 　　（洗面、トイレ、玄関） 3　10分のていねい掃除 　　㋑リビング　　㋖玄関 　　㋖台所　　　　その他 　　㋖水回り 4　10分間　整理整頓 5　雨上がりは窓ガラス拭 　　きとベランダ		●がんばらない 　やらない日もつくる ●ついで掃除で追う家事に 　・トイレに入ったとき 　　トイレの簡単掃除 　・煮物をしながらレンジ台や 　　壁をお湯でふく 　・通りすがりのゴミをひろう 　　etc

A型チャート活用事例②

　某外食企業の人事担当として働いている30代の野中さんが書いたＡ型チャートです。野中さんは、このチャートを書くまでの約２年間、営業部でユニットマネージャーという複数店舗を統括するマネージャー業務に携わっていましたが、そこで「本当に一生懸命頑張っている人が認められていない」ということを実感したそうです。

　そして、その問題意識から、人事部への異動を願い出て受け入れられたそうですが、人事担当として自分が何をすべきなのかを明確にするため、このＡ型チャートを記入したそうです。野中さんが設定したテーマは、「自社がES（従業員満足度）No.1の企業になり、ひいてはブラックなイメージを持たれやすい外食産業の地位向上を目指す！」ということでした。

　チャートをつくる上で野中さんが気をつけたのは、自分一人だけでつくろうとしないこと。他のメンバーたちにもチャートづくりに参加してもらうことで、自分では気づかないさまざまな角度からのアイデアを知ることができたそうです。結果として、チャートをつくり上げるだけで、人事担当の全員で成し遂げたという達成感が得られたとのことです。また、このマンダラチャートの特長として、元々わかりやすいマンダラチャートに、イラストを導入することにより、さらにわかりやすくなっていること。関係のない人が見たときにも、ひと目で理解がしやすくなっています。

F 教育体系構築	**C** 採用活動	**G** 総人件費計画
将来を勝ち取るために 必要な教育機会を提供 できる教育体系の構築 ●要件定義の確立 ●カリキュラム構築 ●社内講師育成	会社と共に歩む魅力が 伝わる採用活動 ●プロモーション活動 ●選考過程 ●内定後 ●第二新卒対応	社員が物心共に 幸せになれる基盤の構築 ●給与体系の見直し ●アルバイトの積極的戦力化 ●人生設計に伴う柔軟な 　雇用形態
B 人事制度改革	ES No.1企業実現計画	**D** 人事ファイル作成
会社が求める 人財像を反映した 人事制度改革 ●「嘘をつかない」「約束を守 る」「人の悪口を言わない」 の明確な評価制度への 打ち出し	外食産業の地位向上を 目指して 世の中の外食産業のイメージは ブラック…… しかし私は食で人々を幸せにす ることができる社会に必要な仕 事だと信じています。そこでこ のたび人事への部署異動を機に、 外食の素晴らしさを証明するた めの「ES No.1企業実現計画」を 作成しました。	一人一人の個性を 最大化するための 人事ファイルの作成 ●強み診断 ●人事ファイリング ●人事配置の決議権取得
E キャリア支援制度	**A** ブランディング戦略	**H** 働きやすい環境整備
会社と共に自分の将来を 描き進むための キャリア支援制度の構築 ●キャリアロードマップ作成 ●キャリア支援相談窓口開設	会社の方向性を 社員と共有する場の創出 ●成長戦略 　⇒ブランディング戦略 ●ブランドコンセプトの共有 ●経営計画発表会の企画	楽しく安心して働く ための各種環境整備 ●残業ゼロ＆ 　有給休暇取得率向上 ●福利厚生の充実化 ●女性が働きやすい環境整備 ●ダイバーシティ

A型チャート活用事例③

　こちらのA型チャートを作成したのは、フィットネスインストラクターとして働いている50代の女性、平田さんです。普段、平田さんは快適に動ける体づくりのお手伝いをするため、さまざまな方に合った運動方法を提案しているそうです。このチャートを作成するに至ったきっかけは、人生も半ばに差しかかったにもかかわらず、毎日期日のある仕事に追われ、「あれもしたい」「これもしたい」と思いながら後回しにしてしまっている「緊急ではないけれど重要なこと」、つまり、「私のこれからの人生で必要なこと」をいったんマンダラチャートで整理してみようと考えたことだったそうです。

　テーマは、「私のこれからの人生で必要なこと」、その周りには、「仕事」「お金」「掃除」「食事」「家族」「健康」「楽しみ」「友人」といった項目が配置され、人生のさまざまな分野で自分が本当に必要としていること、実現したいと思っていることが書かれています。

　平田さんは、初めのうちは頭の中を整理しようと思って、大まかにいつも自分が気になっていることを箇条書きにしていったそうですが、書いていくうちに優先順位が決まり、何を実践するべきかがわかるようになり、そして、「今後は……」という項目に、これからする具体的な行動が書けるようになったそうです。このように、マンダラチャートは書き出すことで頭の中を整理し、ビジョンを明確にする効果があります。

F 健康	C 掃除	G 楽しみ
○自分のための運動を続ける ★腰痛予防運動 ★有酸素系 ★ヨガ ○睡眠を取る ●今後は…… ★健康診断を定期的に受ける 　（胃、乳がん、大腸） ★歯をきれいにする ★時間をうまく利用して、睡眠 　を取るようにする	○気になっている箇所 家…物干し、玄関壁、玄関扉 1階：台所、食器棚、 　　　タンス、衣類 2階：本、書類、布団、 　　　タンス、衣類 ●今後は…… ★自分のもので、必要ないもの 　処分 ★物干しは工事が必要なので、 　置いているものを処分する ★玄関は、お天気の良いときに 　ニスとペンキを塗る	○楽しみたい ★旅行（ハワイ、宮古島、伊豆） ★海を見る ★飛行機を見る ★ビール ★甘いもの ★温泉 ★海外ドラマ、映画を観る ●今後は…… 例えば、何となく見に行くとい うよりも、積極的に行く、見る、 飲む、食べるようにする（笑）ス トレス解消！
B お金	**テーマ:**	**D 食事**
○整理する ★銀行（使っていない銀行もあり） ★クレジットカード ★お金の勉強 ★光熱費や通信費の見直し ●今後は…… ★銀行、クレジットカードの番 　号などのかき上げ（万が一の 　ときのために） ★生活費でムダを省く ★資産運用する	私のこれからの 人生で 必要なこと	○健康に意識する ★発酵食品 ★野菜 ★肉 ★魚 　をよく食べる ●今後は…… 時間がないときはお弁当や総菜 が多いので、なるだけ自炊 栄養補助食品も摂る
E 家族	**A 仕事**	**H 友人**
★母 ★姉 ★親戚 ●今後は…… ★母は施設にいるため、面接 　予約を入れる。おやつを届 　ける ★姉に母の様子を報告。万が 　一の時ノートを作成しておく ★親戚叔父へ月1回の連絡を続 　ける	○収入先 スポーツクラブ、サークル、そ の他（法人など） ○仕事内容 フィットネス関係 （レッスン、グループパーソナ ル、講師関係） ●今後は…… フィットネス以外の仕事も考え る（未定）	★学生からの友人 ★仕事仲間 ★それ以外の友人 いつもよく連絡を取り合う友人 とそうでない友人がいる ●今後は…… 疎遠になっている友人に連絡を 取る（夏の挨拶など）

A型チャート活用事例④

　このA型チャートを作成したのは、男性の会社員の平良さん（40代）です。普段は青果物の仲卸会社で総務部長として働いている平良さんは、人が強く優しく生きることを助ける「風水アドバイザー」としても活動されており、人の「運気」に強い関心を抱き、研究されている方です。

　このチャートのテーマは「ハピフルピース」。「幸運で心身満タンにするためのパズルのピースを見つけ出す9個のチャート」とのことです。

　中心テーマの周りには、「四柱推命で運命鑑定」「宅卦（家のエネルギー調整）」「全運気開運チャートの作成」「姓名判断で運気を整える」「薬膳料理で健康へ」「数秘学から導く」「吉日で行動する」「内臓刺激ヨガで健康」を8つのエリアに設定しています。

　平良さんは、風水学を「環境整備学」として捉えており、8種類の鑑定方法によって人の運気を改善し、心身ともに幸運で満たされるようにするにはどうしたらいいのかを考えた結果、このようなチャートが出来上がったとのことです。

　マンダラチャートは仏教の智慧をわかりやすく視覚化した「曼陀羅」を元にしたもの。平良さんは、そのマンダラチャートを使って複雑で多岐にわたる「風水思想」をわかりやすく伝え、私たちが幸運に恵まれるためのパーツが、どこにあるのかを探すための手がかりをつくろうとなさったとのことです。

F	数秘学から導く	C	全運気開運 チャートの作成	G	吉日で行動する
	● 誕生日から、誕生数を導く。 ● 基本数字から、性格の傾向を知る。 ● キッチン、トイレ、バスの扱いを知る。 ● 年運、月運を知る。 ● 仕事の相性、異性との相性などを知る。		● 私のH30年度に考案した、全運気開運チャートを使用します。 ● A型に、大まかなプランを。 ● B型に、各風水理論・数秘学で鑑定した結果を加味し、より実現可能な時期、内容に組み立てる。		● 暦学の吉日・選日法で大切な事を吉日に実行する。 ● 凶日には、旺色や風水アイテムでカバーする。 ● 毎晩、日記を付け選日法の確率を評価する。

B	宅卦 (家のエネルギー調整)		ハピフルピース	D	姓名判断で 運気を整える
	● 家、お部屋のエネルギーを知り、より良いバランスに調整する。 ● 寝室、仕事作業用の部屋を知る。 ● キッチン、トイレ、バスの扱いを知る。 ● 部屋の方位エネルギーを味方に、必要なエネルギーを高める。 ● 陰のエネルギーを弱める。		**幸運で心身 満タンにするための パズルのピースを 見つけ出す** 9個のチャート		● 氏名から、画数、陰陽、五行、天地人、音画、八卦を鑑定する。 ● 基本系統を知る。 ● 家庭運、社会運、健康運、仕事運を鑑定する。

E	薬膳料理で健康へ	A	四柱推命で運命鑑定	H	内臓刺激ヨガで健康
	● 季節ごとに、摂るべき食材を知る。 ● 生まれ日干支に合った日別食事を知る。 ● 四柱推命の五行でバランスを整える食事に変える。		● 四柱推命の鑑定で、健康のバランスを知る。 ● 生まれ持った特性を知る。 ● 過去の流れを知る。 ● 将来、起きるであろうことを予測、対策する。		● 4DSヨガといい、手や姿勢で自発活動をしない内臓やリンパ節を刺激し、120歳まで自分の足で歩く健康体になる。 ● 四柱推命で知りえた、弱い傾向の内臓を刺激し活性化する。 ● 基本、猫背、巻肩、背中呼吸である。

A型チャート活用事例⑤

　このA型チャートを作成したのは、兵庫県にお住まいの50代の女性、ハギノさんです。マンダラチャートの認定講師の資格をお持ちで、のちに紹介するマンダラ手帳（P160参照）を6年使い続けた結果、マンダラ手帳の使い方を伝える「手帳アドバイザー」として活動するようにもなったそうです。

　このチャートのテーマは「2013年　手帳の使い方：私ルール」。ハギノさんは、手帳はみんなが持つことができるものだからこそ、手帳には人それぞれの使い方の「ルール」が必要だと考えており、ルールをつくるからこそ手帳の隅から隅まで余すことなく使うことができるようになる、と言います。そして、手帳を隅から隅まで「使い切った」とき、それは自分自身の「生き切った」「やり切った」感にもつながる、という考えが根底にあるようです。

　中心テーマの周りには、マンダラ手帳を構成している「人生計画」「ビジネス計画」「年間先行計画」「月間企画計画」「週間（習慣）行動計画」「日間実践計画」「人生百年計画」「チェックする」という項目が配置され、それぞれにその項目がなぜ必要なのか、そしてどう使うかを書き込むことで、自分なりの手帳の使い方を俯瞰で理解できるようになっています。手帳をきちんと使うためのマイルールをマンダラチャートで明確にした好例です。

F 日間実践計画	**C** 年間先行計画	**G** 人生百年計画
①理想の一日の時間の使い方と、実際の時間の使い方のギャップを知る。 ②8つの枠に行動タイトルをつけ、下の□に行動の細分化したものを書き出して、行動へのハードルを下げる。 ③自分のキャパを知ることができる。	①あらかじめわかっている年間の予定を押さえてしまうことで、自分主導の予定を組むことができる。 →絶対やりたいことを優先する。 ②手帳全体の目次として活用する。 ③翌年の予定の資料として使う。	①自分の人生を俯瞰し、過去の出来事を再検証することで過去に縛られている自分を解放する。 ②人生に対する深い理解が生まれる。 ③あるべき未来がくっきりと浮き彫りになってくる。
B ビジネス計画	2013年 手帳の使い方: 私ルール	**D** 月間企画計画
①ビジネスだけでなく、自分が運営会社の社長として、家庭運営会社の社長としてどうあるべきか、どうありたいか、かじ取りをする。 ②ビジネスでどんな夢を叶えたいかも明確にできる。 ③人生全体をビジネスと捉えてどんな人生ビジネスを展開していきたいか考える。	①手帳にはルールが必要。 ②自分のルールを明確にすることで一貫した使い方ができるようになる。 ③ルールに則った使い方をすることで未来を生きる手帳に変身させる。	①月単位・時間単位の予定を組むことで一日の流れを把握できるようになる。 ②月間企画ページでアポを取ると決めることで、ダブルブッキングを防ぐことができる。 ③月単位の中で時間の流れ（過密な週かゆとりの週か）をつかむことが可能になる。
E 週間(習慣)行動計画	**A** 人生計画	**H** チェックする
①中心核に今週の目標やToDo、タスク、人生計画の中の実行したい行動を書くことで1週間の全体量と時間配分を考える。 ②ココを実践していくことで人生計画の実行を促す。 ③1週間の流れを追うことで行動に連続性をつくる。	①マンダラ手帳の肝! 核になる部分。 ②人生の8分野（健康・仕事・経済・家庭・社会・人格・学習・遊び）のバランスを取ることで自己の成長を促す。 ③8分野を書くことで心の想いと実際の頭の中のバランスを取る。	①朝見る（前日・当日のチェックと確認） ②1週間を見る（反省とがんばったこと） ③1カ月を見る（分野のばらつきを確認） ④3カ月ごとに見る（できている・できていないことの洗い出し） ⑤年末に見る（年初の目標は達成したか？ 何%の満足か?）

A型チャート活用事例⑥

　このA型チャートを作成したのは、50代の会社経営者の男性、廣瀬さんです。テーマは「我が社の理想の会社像」。廣瀬さんの会社は、人事評価制度や各種研修を通して、人財育成の観点に立って「小さな一流会社づくり」を手助けする会社。そのため、企業研修を頻繁に行っている廣瀬さんは、経営者からのリクエストが「自社の改善したい点」にばかり集まっていることに着目。

　廣瀬さんは、現状の改善したい点を改善しているだけでは、結局のところ、今ある不具合を標準レベルに押し上げるだけに過ぎないことに気づき、別のアプローチを推奨するようになりました。それが「理想の会社像」を思い描いてから、そこに向かってアプローチするやり方。これは、まさにマンダラチャートの根底に流れるマンダラ思考の原則にぴったり合致しています（P126参照）。このA型チャートは、理想の会社像を明確にするためのテンプレートとして活用できるようにつくられています。

　中心テーマの周りには「我が社にいる従業員はどういうふうになっていくのか？」「従業員にとって仕事時間はどんな時間か？」「従業員にとって会社はどんな場所か？」「従業員同士はどんな存在か？」など、その会社が本来どうあるべきか、どんな状態が理想的なのかを経営者自身が明確に、具体的に思い描けるようになる質問が設定されています。また、具体的に思い描くことで、実際の行動にもつながりやすくなります。

F お客様は会社をどういうふうに感じてくれているか？	**C** 従業員にとって会社はどんな場所か？	**G** 関係会社の皆様はどういうふうに感じてくれているか？
●「そこまでやってくれるの」と感動する会社 ●同じ利用するならあの会社 ●我が子を働かせたいと思う会社	●大切な人と出会える場所 ●さまざまな気づきが得られる場所 ●スキルを磨く場所	●あの会社のためならやってあげたいと思う ●あの会社に関わっていることが嬉しい ●学ぶところがたくさんある（さすが！）
B 従業員にとって仕事時間はどんな時間か？	従業員にとって会社はどんな存在でありたいか？	**D** 従業員同士はどんな存在か？
●自分が輝ける時間 ●昨日の自分を超える時間 ●自分の存在が認められる時間	**従業員にとって会社はどんな存在でありたいか？** **かけがえのない存在** **自分を磨いてくれる** **心地よい居場所**	●仕事に厳しく人に優しい存在 ●足りないものを補い合う存在 ●成長を促し合う叱咤激励される存在
E 従業員の家族は会社をどういうふうに感じてくれているか？	**A** 我が社にいる従業員はどういうふうになっていくのか？	**H** 社会の皆様は会社をどういうふうに感じてくれているか？
●そこに所属していることで安心できる会社 ●人として尊敬できる人をつくる会社 ●温かさを感じる会社	●人として磨かれていく ●思いやりが育まれる ●チャレンジ精神旺盛	●小さな一流会社 ●沖縄の宝だ ●現状に満足せず、もっと成長してほしい

A型チャート活用事例⑦

　このA型チャートを作成したのは、建設業のコンサルタントである40代の出口さんです。出口さんは、建設業を専門に、集客・収益・人材を最善の状態に導き、心を楽にするビジョンを実現するパートナーとして働いています。このチャートは建設業の経営者を対象として、目の前の仕事に追われる彼らと一緒に、場当たり的な経営を脱して未来に向かって成長していくためにはどうしたらいいのかを考えるためにつくられました。

　テーマは「脱☆場当たり経営」。その周りには、「情報発信」「出版」「教材販売」「講演・研修」「お困りごとリサーチ」「電話顧問サービス」「養成塾」「定期訪問コンサル」という項目が配置されており、場当たり経営を脱するために必要なアプローチがすっきりと整理されています。

　出口さんは、大きな目標を達成しようとすると、なかなか行動を起こすモチベーションが湧かなくなるというデメリットを、マンダラチャートが解消してくれると言います。マンダラチャートを作成すると、自然と大目標を達成するために必要な要素が細分化されるので、「まずはこれに着手してみよう」と小さな一歩を踏み出しやすくなるからです。

　このマンダラチャートを使って仕事に取り組むことで、作成前には言語化できなかったことが言語化され、明確にイメージできるようになったせいか、それまでより実現できることが増えたと言います。

F 電話顧問サービス	**C** 教材販売	**G** 養成塾
マラソンのペースメーカーの役割を経営に置き換えて、メールと電話でサポートを行う。気づき、優先順位の設定、行動の後押しを継続的にサポートすることで経営者がビジョンを実現できる環境をつくる。月に1回、限られた時間内に電話やSkypeで相談に乗る一本勝負なので、小規模事業者でも低額で取り入れやすい。	建設業を対象にしたセミナーや対談などを録音録画し、学びに加えて、雰囲気を身近に感じ取ってもらう。また、多忙や遠方で直接お会いすることが難しい方にも学べる機会を創出する。	工務店やリフォーム会社を対象に取引先メーカーやFCのしがらみにとらわれず、価値観の似た同業者が集団で6カ月間学べる場を提供する。講師は私とタイプが違う2名で行い、あり方とやり方の両輪で学びと実践を繰り返し、場数を踏むことで体得してもらう。また、経営者同士の仲間と成長できることで、喜びや効果を倍増させる。

B 出版	脱☆場当たり経営	**D** 講演・研修
ブログやフェイスブックのように幅広い業種で、もの凄く働いているのにお金が残らない経営者を対象に、あり方の言語化、収益の見える化、それを基にした根拠ある事業計画の立て方をわかりやすい事例と併せて紹介することで、中小零細企業が稼げる考え方や仕組みづくりを身につけるきっかけにしてもらう。儲かる企業が増えれば、設備投資も増え、結果的には建設業も潤うことになる。	目の前の仕事に追われながらも、第三者と考える時間をつくることで未来に向かって小さな一歩を踏み出し、成長できる機会を提供する。それにより、建設業の価値を高め、未来あるあこがれの業界にする。そのため、出口は集客・収益・人財を最善に導き、経営者の心を楽にすることで、本業に集中してもらい、ビジョン実現に貢献する。A～Hには提供できるコンテンツを分類する。	講演では、業界や団体の底上げを行うために動向などの情報提供だけでなく、気づきや小さな変化を感じてもらう。研修ではビジョンから行動を逆算できる場を設け、自ら考えることで腹落ちできる計画を立ててもらう。両方とも、安心・安全・ポジティブな場にすることで、潜在能力を発揮しやすくなる環境を整える。

E お困りごとリサーチ	**A** 情報発信	**H** 定期訪問コンサル
経営者の頭の中にある優先順位の高いお困りごとを出口が引き出し役になって言語化することで、モヤモヤ感や漠然とした不安を解消する。さらに現状と理想、そのギャップを埋める条件を環境・行動・能力に細分化し順序立てることで、今すぐ始められる小さな一歩を見つけ出す。	毎日更新のブログ、フェイスブックで業種を問わず、多くの人達に盲点に気づく機会をつくる。週1のメルマガでは、建設業及び業界をサポートする士業の方などにお役立ち情報を提供する。その中でも、やり方を追いかける前に、あり方をしっかり持つことの大切さを提唱する。	社員入社並みの報酬で月1回出社の社外No.2の幹部を採用することにより、社長が本来やりたい仕事に集中してもらうことで、業績向上を後押しする。社外にいるがゆえに、第三者の着眼点から見た状態を伝えることができる。また、社長のみならず、幹部や社員とも接する機会を設け、立場の違いからくる遠慮と思い込みを解消する橋渡しを行う。

A型チャート活用事例⑧

　こちらのＡ型チャートを作成したのは、男性の会社員である森さん（50代）です。2006年にマンダラ手帳と出会い、2010年から手帳活用セミナーに参加するようになったとのことです。2019年には、マンダラチャートの認定講師の資格も取得されています。

　このＡ型チャートのテーマは「フルマラソン目標」で、具体的な「サブ3時間55分、キロ5分33秒」。趣味であるマラソンに出場する際の目標達成のためにつくられたそうです。森さんは、まず、中心核の周りに「基本」「意識」「チャレンジ」「雑念対策」「チェック」「痛み発生時」「トラブル発生時」「体調不良時」というエリアを設定し、それぞれに気をつけるべきことを記入されています。そして、実際のマラソン出場時には、このＡ型チャートを4分の1程度に縮小したものをポケットに入れて走ったそうです。走っているときに気をつけるべきことや、何か問題が発生したときにどうしたらいいのかを走りながら確認するためでしょう。

　このＡ型チャートをつくったことで、森さんは結果的にフルマラソンで3時間51分46秒まで記録を伸ばしたそうです。また、マラソンだけでなく日常生活においても「時間の使い方」が変わり、中長期的な計画が実現しやすくなったと感じたとのことです。さらに、課題や困難に直面しても、マンダラチャートに書き出すことで、頭の中が整理され、気分が落ち着くという効果も感じているようです。

F	痛み発生時	C	チャレンジ	G	トラブル発生時
	痛みが発生したら ペースを抑える いったん止まって ストレッチ		踵を座骨に 近づける 足も脱力して パンタグラフのように 折り畳む		痛みが治まらない 病的な痛みの場合 躊躇せずリタイア！
B	意識		フルマラソン目標	D	雑念対策
	母指球→小指球 趾を柔らかく使う 仙骨を入れる 股関節を外旋		サブ3時間55分 （キロ5分33秒）		この1kmに集中！ 先のことは考えない 雑念が湧いたら 風景・ 街並みを楽しむ
E	チェック	A	基本	H	体調不良時
	ピッチの低下 鼻呼吸の乱れ フォームの乱れ 上記のいずれかが ある場合、 ペースを抑える！		①肩甲骨で 　ピッチを刻む ②鼻呼吸 ③視線を遠く		体調が優れなければ 躊躇せずリタイア！

B型チャート
活用事例①

　こちらは、東京都で不動産業を営んでいる40代の水木さんのB型チャートです。水木さんは、息子さんが大学受験を終えて親元を離れることになり、初めての一人暮らしを経験するとのこと。水木さんにとっても、息子さんにとっても初めてのことなので、一人暮らしに必要なことをマンダラチャートで整理してみようと思い立ったそうです。

　短期間で引越、一人暮らしを始めるとなると、やらなければいけないことが目白押しで、どうしても頭がごちゃごちゃになってしまうもの。しかし、マンダラチャートでやるべきことを全部書き出していくと、こんなふうにすっきりと理解できる形で、しかも必要なことをあますことなく、きっちりとまとめることができるのです。

6 クレジット開設	3 家賃等支払い	7 各種手続き
電子マネー化に備え、早期に活用。Amazon等配送に便利	開設口座より毎月27日に自動口座振替される。最初の登録完了までは支払い必要	自動口座振替からクレジット開設後に変更手続き。ポイント還元を活用
2 WEB登録	**F 仕送り支払い**	**4 仕送り**
残高照会、振り込み手続き等。確認に最適		一定額を25日にメイン口座に仕送り金額を振り込み。親子間で共有
5 家計簿	**1 口座開設**	**8 アルバイト**
仕送り（収入、支出）を把握し、金銭感覚を磨く。お金の実践教育	仕送り用口座メイン及びサブ。2つの銀行口座を用意。都市銀行。ゆうちょ銀行	社会勉強。勉強優先。塾講師等

6 管理会社確認	3 優先順位	7 引越時期確認
大学提携会社もしくは近隣取り扱いの多い会社情報確認	駅付近もしくは、大学付近。バス利用もしくは自転車利用の決定	3月後半〜4月1日までの間
2 活動確認	**B 部屋探し**	**4 自転車通学**
終日のスケジュール確認。サークル、研究等。バス最終時刻以降の可能性あり		
5 ネット情報	**1 位置確認**	**8 下見**
ネットで事前検索相場確認。地図上での位置確認できるサイトが役立つ	大学校舎及び主要駅、バス停等の確認（駅より徒歩45分。バス最終時刻19時半頃）	2月後半に実際に見に行くことを決める。1カ月前から具体化する

6 ごみの捨て方	3 駐車場確認	7 家具配置場所
市区町村各自治体のHPにアクセス。分別方法WEBにて入手	自家用車引越中の駐車場確認。不動産会社連絡	予定している家具家電が設置できるか、コンセントの位置は大丈夫か確認
2 日を定める	**E 引越**	**4 開通連絡**
段ボール事前用意梱包。前日までに自家用車に積み込み		電気・水道・ガス・郵便局等事前登録。ネット開通工事（3週間以上かかる場合あり）
5 鍵の受け取り	**1 選択**	**8 引越先**
鍵を受け取り、室内チェック。傷、破損箇所確認。写真保存、不動産会社と共有360度カメラ	個人で行うもしくは引越業者依頼。ほぼ購入するため配送が大半	

C 契約手続き

6 別途依頼	3 入居日調整	7 保証契約
ウォシュレット交換工事依頼	保証人（親）資料所得証明、印鑑証明、実印、手付金	保証会社必須。口座振替
2 事前準備	C 契約手続き	4 契約条件
本人資料　身分証明書、学生証、合格通知、住民票		契約内容、家賃、明け渡し条件、支払い方法、解約予告等確認
5 契約締結	1 現地確認	8 折り返し地点
書類に署名押印。契約金の支払い	事前ネット情報。候補の現地確認をし、不動産会社にて申込	契約書

G 実践

6 ごみを捨てる	3 自炊	7 友人
回収日は決まっている。その都度確実に捨てる。整理とは捨てること。整理とはすぐにわかるようにすること	美味しいものを食べたければ、自分でつくるか、お金を払って食べに行くしかない。腕を磨け	遊人ではなく優人をつくる
2 食器洗い	G 実践	4 掃除
食べたものは自分で洗う。誰も洗ってくれない		トイレ掃除・お風呂掃除・部屋の掃除。毎日少しずつでもするからきれいに保てる
5 時間コントロール	1 洗濯	7 氏神様
誰も起こしてくれない。誰も早く寝なさいとも言わない。自分で決める。すべて自分の責任	脱いだ洗濯物が洗われ畳んであるのは当たり前ではない、洗って干す。そして畳んでしまう	住まう地域を守る氏神様を確認し、参拝する

中央（はじめての一人暮らし）

F 仕送り支払い	C 契約手続き	G 実践
B 部屋探し	引越 はじめての一人暮らし	D 買い物
E 引越	A 大学合格	H その他

D 買い物

6 照明器具	3 寝具	7 小物
天井取り付け照明事前用意。取り付け時用の折り畳み脚立	ベッド・マット・シーツ・寝具・枕等	時計・目覚まし・洗剤類・ラップ・アルミ・キッチンペーパー・トイレットペーパー・自転車、物干し竿等
2 家電	D 買い物	4 デスク・家具
冷蔵庫・洗濯機・オーブンレンジ・ドライヤー・炊飯器・浄水器・パソコン・プリンター・テレビ等		勉強机・椅子・食器・棚・本棚等
5 キッチン用品	1 カーテン	8 食材
包丁・まな板・鍋・やかん・食器類・箸・スプーン等	窓の位置、数、サイズを確認して事前用意。場合によっては不動産会社に測ってもらう	塩・胡椒・酒・水・みりん・砂糖・米・味噌・野菜類等

A 大学合格

6 服装	3 入学手続き	7 散髪
スーツ礼服等、事前にクリーニングもしくは購入。革靴用意	期日までに入学金を収める。銀行振込もしくはWEBにてクレジット支払い	入学式までに身なりを整える
2 合格	A 大学合格	4 郵便物の確認
合格発表を確認。WEB確認。郵送物確認		大学案内、生協等配布物の確認
5 入学式	1 受験	8 スタート
入学式及びその前の行事に備えて引越に備える	受験日に備え勉学に励み体調を整える	START

H その他

6 身分証明	3 引越業者	7 確認事項
住民票は実家のまま。身分証明用として原付免許取得	3月下旬の引越業者依頼は通常の3倍、高額及び手配困難	駐輪場の有無。事前届け出及び費用。専用シール等
2 配送物日時設定	H その他	4 合鍵手配
3月上旬注文で下旬配送に合わず。土日受付不可		ディンプルキー合鍵手配には2週間以上かかるので注意
5 リスク回避	1 手土産	8 心
オートロックマンション締め出された場合の対処方法確認	不動産会社、隣接の部屋、3軒程度。貸主にも用意	心を磨け！

B型チャート
活用事例②

　こちらのB型チャートは、東京都内の某IT会社に勤める女性、Kさんのマンダラチャートです。その会社では、一般社団法人マンダラチャート協会のプログラムを通じて、社員同士でマンダラチャートを使いながら、定期的に目標設定を共有しているそうです。Kさんの設定したテーマは「人生とビジネスを楽しむ」。姿勢、能力、成果を2つのパートに分けて書くとともに、趣味・家庭、健康・スポーツといったプライベートの要素もカバーすることで、人生のバランスを取ろうとされています。このように会社でマンダラチャートを共有することで、目的意識や作業の進捗率などを共有しやすくなり、また、仕事とプライベートとのバランスを全員が意識しやすくなるというメリットがあります。

6	3	7
誤字脱字をなくす	回答文を作成する	的を射た回答文が書ける
2	**F** **理解力の向上**	**4**
過去と類似か確認する		回答文が内容をちゃんと理解しているか確認する
5	**1**	**8**
正しい文章の書き方を確認する	メール・相手の話の内容を反復する	理解力が上がる

6	3	7
	サムネイルを見やすくする	再生数が伸びる
2	**B** **現在のYouTubeチャンネル登録者数の人数を増やす**	**4**
VYONDの更新を確認する		再生数アップを追求する
5	**1**	**8**
	定期的に投稿する	チャンネル登録者数が増える

6	3	7
	教育する	力量を確認する
2	**E** **メンバー全員がスキルマップ別表1で「2」になり、担当できるようにする**	**4**
マニュアルが整備されているか確認する		理解度を確認する
5	**1**	**8**
	チーム各人のスキルマップをまとめる	メンバー全員のスキルマップが2になる

C スキルマップの別表1で「3」を増やす

6	3	7
	業務で使える場面を考える	
2	**C**	**4**
実際に使ってみる	スキルマップの別表1で「3」を増やす	外部講習、本で勉強する
5	**1**	**8**
	アスノタイムで1、2の項目を重点的に勉強する	反復して身についているか確認する

G 気にしすぎない

6	3	7
雑談する	人に頼る	
2	**G**	**4**
セルフコントロール術を調べる	気にしすぎない	聞いたことにちゃんと答えられる
5	**1**	**8**
アスノタイム実施	解釈を変える	

中央ブロック

F	C	G
理解力の向上	スキルマップの別表1で「3」を増やす	気にしすぎない
B	**テーマ**	**D**
現在のYouTubeチャンネル登録者数の人数を増やす	人生とビジネスを楽しむ	リーダーとして見本になる
E	**A**	**H**
メンバー全員がスキルマップ別表1で「2」になり、担当できるようにする	健康な体を意識する	休暇時の充実

D リーダーとして見本になる

6	3	7
	落ち着いて行動する	
2	**D**	**4**
正しい言葉遣い	リーダーとして見本になる	意見を聞く
5	**1**	**8**
	情報共有	胸を張って見本と言える

A 健康な体を意識する

6	3	7
	サラダを意識的に食べる	
2	**A**	**4**
一日3000歩歩く	健康な体を意識する	1日の飲酒量を減らす
5	**1**	**8**
頭痛改善を検討する	野菜ジュースを毎日飲む	食生活のバランスを考える

H 休暇時の充実

6	3	7
車で遠出する	カメラを持って撮影する	
2	**H**	**4**
SNSから影響を受けない	休暇時の充実	ペットとの時間を大切にする
5	**1**	**8**
行きたいコンサートには積極的に行く	興味のあるところへ行く	

B型チャート
活用事例③

6 学ぶ人	3 生涯教育	7 集う人
常にともに磨き合う	他者の「希望」とつながる	あるがままに寄り添う
2 ビジネススクール	**F ヒトを支える**	4 家族
ビジネス現場に必要なコアな基礎知識の「苦」に一緒に向き合う		身近な人の幸せに寄り添う
5 ビジネスする人	1 自社スタッフ	8 手の届く人
心も商いも豊かにする	仕事にのぞむ心のフォロー（エニアグラム、致知など）	いたわり合う

6 習慣化	3 モチベーションUP	7 自分と向き合う
●思考習慣を変えて、時間の捉え方を→から✐に	●ハイブリッドリーダーセルフコーチングメソッド<自分自身による気づきに寄り添う>	●すがたみの会で書、ペン字の学びから自分を映し出し向き合う
2 人生創造	**B 生涯学習の土台**	4 自己評価UP
●マンダラ思考 ●マンダラチャート ●マンダラ手帳		●ハイブリッドリーダー ●脳優位診断 <脳の力を引き出し、心健やかに暮らす>
5 担う	1 機会提供	8 挑戦
●ビジネススクール 会計、総務、効率化 各種講座	●わかりやすい伝え方、伝わり方 ●他者理解がベース	常にブラッシュアップ

6 感謝	3 声をかける	7 料理
明るい気持ちでありがとう	こまめに連絡をとる	1日10品目を心がけて、バランスよく負担なく
2 気にかける	**E 家庭を支える**	4 手をかける
●夫婦で補い合う ●両親の健康		いたわり合う
5 断捨離	1 日常	8 記念日
5Sを忘れず（整理、整頓、清掃、清潔、躾）	空気をきれいに保つ	お祝いをさりげなく

このB型チャートを作成したのは、ご主人の経営する美容室の会計等バックヤードのお手伝いをするとともに、ビジネススクールで会計・総務・仕事効率化に関する講座の講師をしておられる長尾さん（50代）。このチャートのテーマは「10年間の指針」。チャート作成時の2019年から2028年までの人生計画をいくつかの分野に分けて、書き出していったもの。中心テーマの周りには、「生活の土台」「生涯学習の土台」「心の土台」「社会交流の土台」など、仕事だけにとどまらずプライベートにもつながる分野がカバーされています。長尾さんは、このチャートをつくったことで、人生計画をチャートに落とし込む際に、自分の現在地点を把握できて、心の落ち着きが得られるようになったそうです。

C 心の土台

6 整える	3 安定	7 エシカル
●マインドフルネス呼吸法	●思想、哲学、心理学の探求	●オーガニック、リトリートへの展開
2 安心	**C 心の土台**	**4 なごみ**
●カラダを健康に保つ		●ガーデニングの彩り、恵み、香り、豊かに
5 ストレス軽減	**1 よりどころ**	**8 創り出す**
●ピラティス、きくち体操	●書道を通した物事の捉え方	●書作品の創作、展覧会への出品 ●植物の生命に関わる

G 自分を支える

6 マンダラ思考	3 成長	7 書道
●認定講師 ●セミナーブラッシュアップ ●チャートの利用 ●手帳の充実 ●ともに学ぶ仲間との交流	役に立てると実感すること	●千草会書展、読売書法展への出品 ●毎月の競書提出 ●ともに学ぶ仲間との交流
2 エネルギー源	**G 自分を支える**	**4 知識**
●人からの頼まれごと ●筆を持つひととき		●本質を知ること ●軸への意識
5 ハイブリッドリーダー	**1 セルフイメージ**	**8 読書**
●セルフコーチングメソッド ●脳優位診断 ●ともに学ぶ仲間との交流	自己評価を健全に保つ	書物を通して、多くの人々と「出会い、刺激をもらう」

中央（テーマ）

F ヒトを支える	C 心の土台	G 自分を支える
B 生涯学習の土台	**テーマ 2028年までの私の指針**	**D 社会交流の土台**
E 家庭を支える	**A 生活の土台**	**H 環境を支える**

D 社会交流の土台

6 自分の軸	3 市民古代史の会	7 同期会
自分の国や地域の歴史を知ることで自分の軸を知る	古事記を学ぶ仲間	中学、高校、大学、それぞれの同期会参加
2 あおもりみなとクラブ	**D 社会交流の土台**	**4 いづ美会**
八甲田丸周辺青森港維持発展NPO活動の援護（会計監査）		書道を学ぶ仲間
5 地域コミュニティ	**1 オオシラビソの会**	**8 とりまく社会**
社会貢献事業を通してコミュニティづくり	八甲田山東北大学植物園の保全ボランティア活動	仕事、学びを通しての出会い

A 生活の土台

6 迅速	3 信頼	7 深める
公的書類の作成、提出	自社の人事管理	POSソフトの導入
2 正確	**A 生活の土台**	**4 広がり**
自社の売上管理		自社の情報発信SNS、フリーペーパー、ウィンドーディスプレイ
5 計画	**1 安心**	**8 前進**
事業計画を立てる	自社の財務管理	次の事業展開

H 環境を支える

6 啓蒙	3 未来	7 保全
●フリーペーパー発行 ●セミナー開催	一人一人の生き方への問いかけ	環境保全に関する小さな活動の実践
2 思想	**H 環境を支える**	**4 守る**
エシカルな経営活動		SDGs 命をいつくしむ
5 動く	**1 知る**	**8 協力する**
●フェアトレード商品の販売 ●募金活動	質の高い情報を得る	共有できる人々とのシェア

B型チャート
活用事例④

6 月曜	3 火曜	7 水曜
①ブログ作成 ②セミナー準備 ③パーソナルTRN ④インプット・学習	○セミナー開催 ●人事担当 ●経営者	①動画作成 ②セミナー準備 ③パーソナルTRN ④インプット・学習
2 木曜	**F** **週間計画**	**4 金曜**
○セミナー開催 ●受験・資格 ●教育関係者		①動画作成 ②セミナー準備 ③パーソナルTRN
5 土曜	**1 日曜**	**8 月間活動**
○セミナー開催 ●起業 ●人生	休	執筆活動 完成率25%目標

6 アスリート向け	3 社会人向け	7 目標のない人向け
セミナー @○○円×2日=○○円 団体コンサル @○○円×○会=○○円	セミナー @○○円×2日=○○円 パーソナルコンサル @○○円×○人=○○円	セミナー @○○円× 2日=○○円
2 法人向け	**B** **月間** **売上・利益** **計画**	**4 教育者向け**
セミナー @○○円×2日=○○円 コンサルタント @○○円×○社=○○円		セミナー @○○円×2日=○○円 学校コンサル @○○円×○校=○○円
5 父兄向け	**1 起業セミナー**	**8 合計**
セミナー @○○円×1日=○○円 パーソナルコンサル @○○円×○人=○○円	セミナー @○○円×1日=○○円 学校コンサル @○○円×○校=○○円	セミナー @○○円×12=○○円 パーソナル法人コンサル @○○円×○社=○○円

6 個人的人脈	3 コーチ仲間	7 異業種
●税理士 ●司法書士 ●不動産関係 ●同級生関係	コーチ仲間の 人脈	●○○飲み会 などで 異業種の 人脈拡大
2 元取引先	**E** **人脈計画**	**4 法人会**
●DEV関係 ●内装工事関係 ●不動産関係		●○○法人会の 人脈をたどる
5 業務つながり	**1 元職場**	**8 今後の人脈**
●税理士 ●司法書士 ●不動産関係	●前職同僚	異業種含めた 会合に最低 月2回参加し、 コミュニケーションを 深める

　このB型チャートを作成したのは、起業を目指している田中さん。中心テーマは、ズバリ「起業して成功させる」。その周りには、「経営理念・目的」「月間売上・利益計画」「資金計画」「プロモーション（集客）」「人脈計画」「週間計画」「システム計画」「1年後の姿」という項目を配置し、それらブランチをさらに8つの項目に細分化しています。興味深いのは、Fの「週間計画」。のちに紹介するマンダラ手帳の考え方がここに生きており、具体的な曜日に何をするかまでご自分の行動が具体化できています。また、「1年後の姿」には、プライベートの自分の未来の姿も盛り込むことで、仕事だけに集中するのではなく人生の8分野のバランスがきちんと取れています。

6 学習費用	3 システム関連	7 渉外・交際費用	6 動画編集	3 ブログ	7 自作HP
有料セミナー ○○円	HP製作 ○○万円	人脈作り 接待交際費 ○○万円	週2回掲載 編集	週2掲載 準備	ペライチを使ったイベント特化ページの作成
2 オフィス関連	**C 資金計画**	4 ランニング費用	2 Facebook	**G システム計画**	4 LINE@
敷金○○円 内装○○万円 設備○○万円 備品○○万円		家賃○○円 駐車場○○円 システム○○円 広告○○円 その他○○円	有効な友達 5,000名 1年後		HPブログからのLINEでのつながりをつくる
5 運転資金	1 資本金	8 合計	5 YouTube	1 HP制作	8 LIVE配信
○○万円	自己資本 ○○万円 借入 ○○万円	イニシャル ○○万円 ランニング ○○万円	週2回掲載 準備	制作会社との連携 ○月○日オープン	Facebook LIVEなどで月2回配信を行う

F 週間計画	C 資金計画	G システム計画	6 パンフレット・チラシ	3 HP	7 ブログ
			自社事業をA4表裏で説明するためのモノ HPプリントアウト可	事業の情報を発信する	新聞・テレビ・出来事など感じたことをブログにつづる
B 月間売上・利益計画	**テーマ 起業して成功させる**	D プロモーション（集客）	2 LINE@	**D プロモーション（集客）**	4 YouTube
			Facebookなどからワンツーマン接客の取り込み		事業の情報やノウハウ自己紹介など、取り組むメソッド、思考を唱える
E 人脈計画	A 経営理念 目的	H 1年後の姿	5 FAX・DM	1 Facebook	8 プロモミックス
			社員数30名以上の会社・人事部に対してのアプローチ	FacebookでのLIVE発信からのHP・SNSリンク	すべてのSNSプロモーションと連動させる

6 教育者のため	3 管理職のため	7 父兄のため	6 事業拡大	3 仲間	7 経済的
教え子達に目標を明確にし行動することの大切さの教育	自身と部下との関係活性化の目標・行動の実践	子どもへの将来設計・人生計画の導き	●コミュニティビジネスを始め、軌道に乗り始めている	●遊び、趣味の仲間 ●仕事を協力できる ●信頼でつながっている	●目標としていた収入を得られ、さらなる高みを目指す
2 経営者のため	**A 経営理念 目的**	4 従業員のため	2 家族	**H 1年後の姿**	4 自身
経営者自身の目標・行動の実践		スキルアップするための自身の目標・行動の設定	●豊かな暮らし ●心のつながり ●親の介護との両立		●さまざまな人との関わりに感謝し、もっと信頼関係を築けるようにする
5 人事担当者のため	1 起業する方のため	8 人生に迷っている人のため	5 マスコミ	1 社会貢献	8 満足度
人事政策を発信することの目標・行動の実践	起業目標の策定と行動の実践を伴走する	目標がない、失った人への問題解決・目標達成と実践	地元メディアから取材を受け、更に認知を高める	●顧客に気づきを与えイキイキした生を歩むきっかけになることを提供することで社会貢献をしたい	●起業してからの社会貢献と自身の目標を達成できたことに関して満足している

B型チャート
活用事例⑤

このB型チャートを作成したのは、会社で経理を担当されている40代女性の栗田さん。テーマは「経理マニュアルを作成する」です。社内で経理のマニュアルをつくるに当たって、何が必要なのかを整理するためにつくったとのこと。B型のチャートですが、埋まっていないマスも多くあります。しかし、それは別に気にする必要はありません。マスの埋まり具合に差ができているということは、裏返せば自分の思考に偏りがあることを教えてくれます。栗田さんは、このチャートをつくってからというもの、それまでなかなか取りかかれなかったマニュアル作成にスムーズに取りかかれるようになったそうです。マンダラチャートのおかげで頭の中が整理でき、段取りがつかめたのでしょう。

6	3 これでできそうか聞く	7
	●できなければ 意味がない	
2 理解度合いを聞く	**F 作成後の確認**	**4 改善点を聞く**
●よりわかり やすくするため		●よいものに していくため
5	1 わかりにくいところを聞く	8
	●人に確認する ことで誰でも わかるように できる	

6	3 原価システム	7
	●小口精算 ●未払伝票、 未払支払伝票 ●売上伝票 ●入金伝票	
2 経理システム	**B マニュアルの区分**	**4 その他業務**
●振替伝票 ●支払伝票 ●固定資産		●月次処理 ●銀行振込等処理 ●履行保証 ●入金処理
5	1 仕事の流れ	8
	●一日の流れ ●一週間の流れ ●一カ月の流れ ●一年の流れ	

6	3 流れはスムーズか?	7
	●読みながら イメージできる かどうか確認 していく	
2 見やすいか?	**E 確認事項**	**4 漏れはないか?**
●ざっと目を通す		●日々の仕事を マニュアルで 確認しながら してみる
5	1 誤字はないか?	8
	●一字一字 目を通す	

C 注意すべきポイントは？

6	3 内容を絞る	7
	●いろんなものがこと細かくなりすぎて見るのがいやにならないように要点を	
2 わかりやすい表現 ●自分だけがわかる言葉を使わない ●誰でも理解できるように	**C 注意すべきポイントは？**	**4**
5	**1 対象に合ったもの** ●見やすいものに ●わかりやすいものに ●適切なものに	**8**

G よいものにしていくには？

6	3	7
2 改定、更新していく ●古いままでは使用できなくなる ●使い続けるために必要	**G よいものにしていくには？**	**4**
5	**1 勉強会をする** ●勉強会をすることで他の人の理解度があがる ●よいものができていく	**8**

中央（テーマ）

F 作成後の確認	C 注意すべきポイントは？	G よいものにしていくには？
B マニュアルの区分	テーマ 経理マニュアルを作成する	D マニュアルの種類
E 確認事項	A 何のために必要？	H 活用の仕方は？

D マニュアルの種類

6	3 システム手順書	7
	●K-chan！システム ●本家システム	
2 フローチャート ●仕事の流れ	**D マニュアルの種類**	**4 業務マニュアル** ●経理の業務
5	**1 マニュアル種類一覧** ●どんなマニュアルがあるのか一目でわかるように	**8**

A 何のために必要？

6 引き継ぎしやすい	3 仕事の質の均一化	7
●引き継ぎをする人は説明が楽 ●引き継ぐ人もマニュアルがあれば安心	●その人流にならない ●その人にしかわからないようにならない	
2 誰でもわかるように ●担当している人がいなくても困らないように ●仕事が滞らないように	**A 何のために必要？**	**4 効率化** ●マニュアル通りに行うと安心 ●余裕ができる
5 ミスが減る ●一つ一つ確認しながらできる	**1 誰にでもできるように** ●一人でもできる	**8**

H 活用の仕方は？

6	3 引き継ぎに使用する	7
	●仕事の担当変更や異動の時に使用する	
2 共通のフォルダへ ●いつでも呼び出せる ●自分のデスクで見れる	**H 活用の仕方は？**	**4 マニュアルをみて実践** ●担当者が不在時に別の人に実践してもらう
5	**1 置き場所** ●目のつきやすいところに ●すぐに出てくるところに ●他の人にも伝えておく	**8**

B型チャート
活用事例⑥

このB型チャートを作成したのは、老人ホームに勤めている30代男性の小林さん。テーマは「私ができる家族貢献」。大好きな家族に対して、父親として、夫として、自分は何ができていて、これから何ができるのかということを明確にするために作成したとのこと。

中心テーマの周りには、「家事」「子どもと遊ぶ」「話を聴く」「イベント企画」などの項目が配置され、普段から自分がしていることをベースに書かれています。このチャートを見返して「振り返り」を行うことで、自分が家族と真摯に向き合えているかを確認しているそうです。マンダラチャートは、仕事以外のどんな分野のことでも柔軟に受け止めることのできる器だということがよくわかる例です。

6	3	7
妻と子どものケーキはイベントのときだけにする	貯金をする	お金の大切さを子どもに伝える
2	**F お金**	**4**
家計簿をつけて管理する		家族が喜ぶことに使う
5	**1**	**8**
ビールは休みの日だけにする	給料を入れる	お金では買えないものがあることを子どもに伝える

6	3	7
鬼ごっこ	くすぐりっこ	トランプかるたカード遊び
2	**B 子どもと遊ぶ**	**4**
肩車して歩く肩車して回る		ボール投げサッカー
5	**1**	**8**
バドミントン	抱っこしてぐるぐる回る	リカちゃんごっこお買い物ごっこ妖精ごっこ→眠気注意！

6	3	7
子どもに職場を見せる	山・海・森・河など自然に触れる機会を子どもに提供する	何事にも感謝の気持ちを持つことを子どもに伝える
2	**E 学び・社会**	**4**
自分が嫌なことは人にもしないことを子どもに伝える		黄色いブロック・音の出る信号・車いす専用駐車場など障害者への社会的な配慮について子どもに伝える
5	**1**	**8**
障害児・者や認知症高齢者の存在を子どもに伝える	ごみのポイ捨てはしないこと、物を大切に扱うことを子どもに伝える	子どもの興味を広げる制限せずに何でも体験させる

C 話を聴く

6 家族の「喜」「楽」だけでなく、「怒」「哀」の話も聴く	3 次女に幼稚園の出来事やお友達との遊びの話を聴く	7 長女と次女の将来の夢を聴く
2 長女に学校の出来事や勉強の話を聴く	C 話を聴く	4 長女に習い事のバイオリンの話を聴く
5 長女と次女のスイミングの話を聴く	1 子どもが寝た後に妻とゆっくり会話する	8 長女と次女の恋の話を聴く（将来の私の願望）

G ムードメーカー

6 イベントをたくさん企画する	3 わざとボケる	7 イベント時は無邪気にはしゃぐ
2 わざと聞き間違えて、面白おかしく聞き返す	G ムードメーカー	4 変顔で笑わせる
5 リアクションを大きくする	1 おやじギャグ	8 いつもニコニコ穏やかでいる

テーマ

F お金	C 話を聴く	G ムードメーカー
B 子どもと遊ぶ	テーマ 私ができる家族貢献	D イベント企画
E 学び・社会	A 家事	H 愛する

D イベント企画

6 休日の夕食をイベント化	3 季節行事の企画	7 学校・幼稚園行事の参加その後のご褒美会の企画
2 日帰りお出かけの企画	D イベント企画	4 誕生日の過ごし方の企画
5 結婚記念日の過ごし方の企画	1 旅行の企画	8 たまにはサプライズ企画

A 家事

6 毎日、洗い終えた食器を収納する	3 休日は、風呂掃除をする	7 ママチャリのメンテナンス子どもの自転車のメンテナンス
2 毎日、トイレ掃除をする	A 家事	4 休日は、男料理を披露する
5 毎日、食器を洗う食器洗浄機にかける	1 毎朝、掃除機をかける	8 洗濯は妻の邪魔をしない（洗い方・干し方があるので）

H 愛する

6 叱る	3 支える	7 許す
2 心配する	H 愛する	4 共感する
5 認める	1 信じる	8 任せる

B型チャート活用事例⑦

このB型チャートを作成したのは会社員の中野さんです。テーマは「ひと目でわかる経営の原理原則」。経営に求められる考え方を、B型チャートで見事にまとめられています。中心テーマの周りには、「経営の構成要因」「経営の全体像」「ランチェスターの法則」「営業の原則」「利益性の原則」「強者の戦略」「弱者の戦略」「顧客対応」の項目が配置され、すべてのマス目がちゃんと埋まっています。このように、普段気をつけておくべきことや、頭に入れておきたいけれども複雑すぎてなかなか全体像をつかめないような概念をまとめておくと、「ひと目」で俯瞰でき、かつ各項目の相互関係性も見えてくるのが、マンダラチャートの持っている最大の強みと言えます。

6 重装備	3 即応戦	7 確立戦
生産基地、工場、会社、社員数、資金調達、イベント施設、M&Aなど会社の設備などを充実させる。	競争相手の新商品や新サービスが出たら同質商品・サービスをすぐに出す。	卸、商社、問屋などを利用して幅広く効率的に販売する。
2 総合1位主義	**F 強者の戦略**	**4 物量戦**
総合で1位を目指す。商品の種類を多くする。複数のブランドをつくり市場を圧倒する。		大量生産、大量販売を目指す。市場規模の大きな市場を狙う。店舗、人員を大量投入する。
5 広域戦	**1 強者の戦略**	**8 空中戦**
地域を限定せず、全国、全世界を対象にする。特に大都市をターゲットにする。	市場占有率26%以上を確保している企業が実行できる戦略。強者の戦略を使える会社は0.5%の会社。弱者がこの戦略を使うと失敗する。	TV広告、新聞広告、雑誌広告などメインの媒体を利用して宣伝する。

6 教育	3 戦略	7 情報
戦略を理解し、戦術を実行できるために教育をするシステム。	経営の目標を合理的に早く達成する仕組みをつくること。	お客様、競合他社の情報を定期的に収集し分析する。
2 目標	**B 経営の全体像**	**4 戦術**
経営の目標は、どこかの分野で1位になること。1位になるための具体的な数字を明確にする。		戦略(仕組み)を実践する繰り返し作業。具体的行動。
5 仕組み	**1 目的**	**8 革新**
戦術を会社全員が実行できる仕組み書。業務規則集。	経営の目的は、利益発生源のお客様の数を増やし、維持継続すること。	戦略・戦術をPDCAサイクルでチェックし、革新を加える。

6 紹介	3 営業有利	7 集中
1位の会社になると紹介が多くなる。	地域に密着すれば、地域内にお客が増え会社の名前が広がり営業が有利になる。	地域内の同業者が倒産したり撤退すると、お客の大半は1位の会社に流れる。
2 時間対策	**E 利益性の原則**	**4 経費割安**
お客様との面談時間、接触時間をできるだけ増やす。そのためには、移動時間と社内業務時間をできるだけ少なくする。		特定の地域にお客様を集中させると、移動時間、配送費、集金、アフターサービスが割安になる。
5 同業者排除	**1 地域密着**	**8 1位を目指す**
地域に強くなると同業者が参入しにくくなる。また同業者が撤退する。	地域を絞り、地域に密着する。そうすることでお客様に素早く対応できる。お客様と接触頻度が上がりお客様から選ばれる会社になる。	利益は市場占有率の2乗に比例する。利益を上げるには市場占有率1位を目指す。

C ランチェスターの法則

6 市場占有率26.1%	3 第1法則	7 市場占有率41.7%
強者の条件。まずこの市場占有率を目指す。市場全体の30%押さえたのと同じ。	一騎打ち戦の法則 攻撃力=兵力数×武器性能。	次に目指す数字、市場占有率41.7%。これだけ押さえると市場の50%押さえたのと同じ。
2 ランチェスターの法則	**C ランチェスターの法則**	**4 第2法則**
第一次世界大戦に刺激を受け、戦闘時における力関係はどのようにして決まるかと研究。1914年競争の法則発表。		間隔戦の法則 攻撃力=兵力数2乗×武器性能
5 強者と弱者の戦略	**1 ランチェスター**	**8 市場占有率73.9%**
戦略は強者が使うべき戦略と弱者が使うべき戦略の二つある。使うべき戦略を間違うと失敗する。	フレデリック・ランチェスター 1868年10月28日イギリス生まれ。技術者。	最終数字、市場占有率73.9%。これだけ押さえると実質的に100%押さえたのと同じ。

G 弱者の戦略

6 軽装備	3 差別化	7 一騎打ち戦
自社物件など、できるだけ会社の設備にお金をかけない。	競合他社と差別化した商品・サービスを出す。付加価値などで差別化する。自社の強みを明確にする。	エンドユーザーにできるだけ近づき一人一人に面談して販売する。
2 部分1位主義	**G 弱者の戦略**	**4 一点集中**
全体的な1位を目指さず、専門分野に特化し1位を目指す。商品を深める。		最も販売したい商品・サービスを一つに絞って、お客様を絞って販売する。
5 局地戦	**1 弱者の戦略**	**8 接近戦**
地域を限定する。地域以外は営業しない。自社の商品・サービスで1位になれる地域を決める。	強者が使えない戦略。全体の99.5%を占める。ほとんどの会社が使うべき戦略。	お金のかかる宣伝媒体を限定してDM、口コミ、面談などで宣伝し、紹介を増やす。

中央ブロック

F 強者の戦略	C ランチェスターの法則	G 弱者の戦略
B 経営の全体像	**ランチェスターの法則 一目でわかる経営の原理原則**	**D 営業の原則**
E 利益性の原則	**A 経営の構造要因**	**H 顧客対応**

D 営業の原則

6 クロージング	3 アプローチ	7 契約&フォロー
安心して契約してもらう雰囲気をつくる。安心感と信頼感を感じてもらう。	決定権者に会い挨拶する。まずは会社、個人を信頼してもらうことを目的にする。人間関係構築。	契約時に喜んでもらう演出をする。フォロー体制を充実させる。契約してからが本当の商売の始まり。
2 チャンス	**D 営業の原則**	**4 ヒアリング**
お客様を見つける手段(HP、展示会、チラシ、イベント、紹介など)を明確にして、見込み客リストを作成する。		お客様の本当の問題を探る。解決のための情報を収集する。個人的な情報も収集する。
5 プレゼン	**1 営業の仕組み**	**8 紹介**
お客様の問題を解決する。会社の価値を伝える。プロフェッショナル性と専門性をアピールする。	新規のお客様を開拓するための仕組みをつくる。ステップごとに具体的なマニュアルをつくる。	紹介をもらう。紹介ツールを用意する。紹介をもらうことで仕事の完了と考える。

A 経営の構造要因

6 組織対策	3 業界・客層対策	7 資金対策
効果的な組織をつくる。人の配分を考える。売り7分：商品3分。	市場占有率1位の客層をつくる。ターゲットを明確にする。	自己資本比率を上げる。設備投資を続け原価の引き下げを図る。
2 地域対策	**A 経営の構造要因**	**4 営業対策**
市場占有率1位の地域をつくる。最重点地域、重点地域、最大販売範囲を決定する。		営業の仕組みをつくる。新規開拓の営業手法をステップごとに明確にし、必要なツールをつくる。
5 顧客維持対策	**1 商品対策**	**8 時間対策**
お客様が維持継続する仕組みをつくる。お客が紹介するような仕組みをつくる。ファン化する。	市場占有率1位の商品をつくる。重点商品の決定。資源を集中する。	社長の実力=仕事時間2乗×質である。仕事時間を拡大し、質を高める。

H 顧客対応

6 SKYの実践	3 顧客視点	7 感謝の気持ちを表す
お客様にS好かれ、K気に入られ、Y喜ばれることを全社員で考えて実行に移す。	お客様に売るにはどうするか考えるのが自社視点のものの考え方。お客様がどのようにしたら買いたくなるかと考えるのは顧客視点。常に顧客視点で考える。	お客様に感謝の気持ちを表すために形にする。お礼のはがき、FAX、電話、その都度実行する。
2 経営の目的	**H 顧客対応**	**4 顧客対応**
経営の目的は売り上げを上げることではなく、お客様をつくり出して、その数を多くすることにある。		お客様から選ばれるためにお客様と直接接触するところを大切にする。全社員で顧客対応を考え、顧客対応で1位になる。
5 不便をかけない	**1 購買の決定権**	**8 忘れられない**
お客様に気に入られるために不便をかけたり、二度目を思いたくないような思いをさせてないかチェックし対応する。	商品を買うか買わないかの決定権はお客様が100%持っている。お客に商品を買ってもらうにはどうするか考える。	お客様に忘れられないように、定期的に訪問や個人通信、はがき、電話などを実行する。

B型チャート
活用事例⑧

このB型チャートを作成したのは、コンサルティング会社を経営する50代男性、日小田さん。テーマは、「売れる商談シナリオ8ステップ」。営業マンの商談ロールプレイングを行っているときに、縦型の商談フローを活用していたもののうまくいかないことが多かったため、マンダラチャートを活用してみたらどうかと思いついたのがきっかけだそう。中心テーマの周りには「準備」「切り出し」「聴き出し」「ほぐし」「つかみ」「個別提案」「反対克服」「クロージング」と商談のプロセスが8つの段階に分けて配置されています。このチャートを使うことで、商談ステップの理解が早まるだけでなく、各ステップのトークをイメージしやすくなる効果が見られたそうです。

6 価格	3 個別利点	7 個別納期
3つの見積 自社比較に 持ち込む	競合・既存品に比べ優れている点・新規性・独自性	納期、納品単位、納品場所
2 個別特長	**F 個別提案**	**4 個別利益**
あなたのために仕様、効能、性能、価格、単位		顧客が得られる経済的利益
5 個別証拠	**1 問題解決策**	**8 テストクロージング**
お客様の声 数量化できる証拠	提案準備 ドキュメント 伝え方	正しい原因の提示 問題意識を試す

6 用件の切り出し	3 信頼・承認	7 出会いの断り
何を なぜ どのように	類似性の法則 観る 目に見えないもの	反射的な断り 使い慣れたもの 新たなものの拒絶 スイッチコスト
2 第二印象	**B 切り出し**	**4 自己紹介**
言葉遣い 文字 対応スピード		お役立ちの気持ち モットー プロフィール
5 会社紹介	**1 第一印象**	**8 全体と部分を捉える**
創業、理念、社風、こだわり、安定度、信頼度	メラビアンの法則 名刺入れ 営業の装い	全体の流れを組み立てる

6 お役立ち	3 一般事例	7 デメリット
一般比較 競合比較 当社比較	解決事例 成功事例 失敗事例	自己の客観視 強み・弱みの理解 目標と現状
2 潜在問題	**E つかみ**	**4 想定商品**
想定される「不」の問題		特長(Feature)、利点(Advantage)、利益(Benefit)、証拠(Evidence)
5 想定商品	**1 顕在問題**	**8 テストクロージング**
一般比較 競合比較 当社比較	聴きだした「不」の確認	お役立ちの心を整える

6 競合確認	3 質問の種類	7 キーマン確認	6 慣習	3 個人	7 妥協点
と、おっしゃいますと 取引先、経緯 ないとどうするか 排除対策	オープン、クローズド、 セレクト、チャンクダウン、 チャンクアップ、スライド、 ポジションチェンジ	情報収集者 意思決定者 支払者	会社として 取引グループとして 担当者として	お役立ち 人間性 約束を守る	スイッチコスト 落としどころ
2 動機を聴く	**C 聴き出し**	**4 質問の6ステップ**	**2 会社**	**G 反対克服**	**4 価格**
不便、不安、 不信、不経済、 不合理、不利益		理想、現状、 満足度、課題、 解決イメージ、 解決に必要なこと	評判 信頼力 体制		希望価格 現実価格 競合対策価格
5 動機の整理	**1 傾聴**	**8 合意**	**5 提案内容**	**1 反対処理**	**8 テストクロージング**
あるべき姿 現状 解決の方法 スケジュール	目で観る 心で聴く 想いを聴く 事実を聴く	感情的合意 経済的合意 論理的合意	商品力 アフターサービス 付加価値	真の断りを 引き出す	今の取引先が 無くなったら、 スイッチコスト、 クリアすべきこと

F 個別提案	**C 聴き出し**	**G 反対克服**	6 真の悩み	3 共感する	7 YESの積み重ね
			実は…… 個人の考え 会社の考え 落としどころ	笑顔 目を見る メッセージ	信頼の積み上げ バックトラッキング 事実を返す 感情を返す
B 切り出し	**テーマ 売れる 商談シナリオ 8ステップ**	**D ほぐし**	**2 観る**	**D ほぐし**	**4 個人的な話**
			認知不協和 良い部分 目に見えないもの		キドニ タテカケセシ イショクジュウ
E つかみ	**A 準備**	**H クロージング**	**5 仕事の話**	**1 縁を深める**	**8 距離を縮める**
			業界話題 業績の話題 組織(人)の話題	建前から本音へ ここだけの話 あなただけに、 の話	会社名で呼ばれる 個人名で呼ばれる 愛称で呼ばれる

6 目標	3 現状分析	7 計画	6 特長遡求	3 引例	7 希少、特別
最高目標 中間目標 最低目標	自己の客観視 強み・弱みの理解 目標と現状	C：振り返り A：修正実行 P：計画 D：実行	特長を 再度 アピールする	自分・お客様の 購入・使用例、 雑誌掲載例等を 紹介する	限定性、 特別感を伝える
2 商談の8ステップ	**A 準備**	**4 顧客**	**2 結果指摘**	**H クロージング**	**4 強調**
準備、切り出し、 聴き出し、ほぐし、 つかみ、個別提案、 反対克服、 クロージング		業界、地域、 規模、歴史、 社風、 顧客の顧客	商品を購入した 後のメリットを 伝える		お客様が 気に入られた点を 再度アピールする
5 商品	**1 営業理念**	**8 一人作戦会議**	**5 原点回帰**	**1 比較**	**8 つながり**
トライ、リピート、 本命、継続	営業理念 営業目的 営業目標	自己の客観視 強み・弱みの理解 目標と現状 差異対策	最初の 目的に返り、 お客様のニーズを 再確認させる	商品を 2～3点に 絞り込む	縁、繋がりを 伝える

マンダラチャートが生まれた背景

　ここで、マンダラチャートという素晴らしいツールが生まれた背景についてお話ししたいと思います。マンダラチャートは、1979年にクローバ経営研究所の創業者であった松村寧雄氏によって考案されました。

　松村さんは、幼い頃からおじいさまによくお寺に連れていってもらっていたそうで、当初は仏教そのものにはあまり興味がなかったそうですが、次第に仏教が持っている「智慧の大系」としての側面に惹かれるようになっていったそうです。

　経営コンサルタントとして独立した松村さんは、それまでに身につけてきた仏教的な智慧に根ざした考え方を、ビジネスにも応用できるのではないかと考え、密教の教えをビジュアル化した「曼陀羅図」に着目しました。

　そして、3×3で9マスから成る曼陀羅図の考え方をフレームワークとすることで、あらゆる問題解決や目標達成に役立てることができると確信、A型チャートとB型チャートを開発し、マンダラチャートを世に広めるべく活動を開始されたのです。

　当初は、主に経営者や会社役員が経営計画や事業計画などを策定するために用いられていたマンダラチャートでしたが、その用途の幅広さが次第に認知され、ビジネスのあらゆる分野のみならず、プライベートのさまざまなことにも応用が可能であることが広まっていき、高校時代の大谷翔平選手が目標達成シートとして書き込むまでに至ったのです。

　現在は、この本の監修者・松村剛志氏がクローバ経営研究所の代表取締役として、マンダラチャート、マンダラ思考、マンダラ手帳を活用したコンサルティング事業を展開しています。また、たくさんのマンダラチャート認定講師が、多くの人の人生とビジネスに貢献しています。

もっと知りたい！
マンダラの奥深い世界

マンダラチャートに曼陀羅の思想が反映されているからこそ、マンダラチャートは他のフレームワークと一線を画すツールになり得たと言っても過言ではありません。この章では、マンダラチャートの原点である曼陀羅の知識を深めます。

マンダラは
人間の心を解き明かした図

　さて、ここまでマンダラチャートの具体的な書き方について見てきましたが、あなたは曼陀羅というものについてどれだけ理解されているでしょうか。よほど仏教に興味のある人でない限りは、曼陀羅を見たことはあっても、それが何を意味しているのかまでは、よくわかっていないのではないでしょうか。

　ここでは、マンダラチャートという3×3の9つのマスで構成されている図が、なぜ私たちの目標達成や課題解決のために絶大な威力を発揮するのか、曼陀羅とはそもそも何なのかについて見ていきたいと思います。

　曼陀羅は、私たち人間の心を解き明かした図だとされています。より具体的に言うと、曼陀羅は私たちの心が「お互いとの関わり合いによって成り立っている」ことを解き明かしたのです。

　順を追って説明していきましょう。

　例えば、ここに1人の男性がいるとします。この男性は、妻から見れば「頼りになる夫」であり、母から見れば「可愛い息子」です。そして、上司から見れば「ミスが多い部下」かもしれませんし、同僚から見れば「単なる会社の同僚」かもしれません。

　このように、この世に存在するどんな人間も、その人が関わる人がその人をどう見るかによって「ありよう」が変化するのです。

　これは、人間だけにとどまらず、この世に存在するすべての「物」にも

当てはまります。あなたが普段使っている箸は「食事をするための必需品」かもしれませんが、一部の外国人からすれば「ただの木でできた棒」に過ぎないかもしれません。また、その箸でご飯を食べるのではなく、誰かに突き刺そうとすれば、たちまち「凶器」へと変わってしまいます。

　このように、人であれ、物であれ、固定的な見方をすることはできず、それぞれが「他の人や物との関わり合いの中でいかようにも変化する」という法則の中に存在しているのです。

　言ってしまえば、「頼りになる夫」も「大好きなお父さん」も、実は幻のようなものだということができます。

　それらの印象は、ある人がその男性との関わり合いの中でそう思っているからそう見えるというだけで、本来は実体を持たない人や物が、他者（対象）との関わりの中で、かりそめに「ある役割」を持って現れてきているだけなのです。

　この世に存在するすべての人や物は、本来実体がなく、他者（対象）との関わり合いの中にだけ現実に存在している──。この考え方を「相互依存の法則」と呼び、仏教ではこの世のすべてのものには実体がないことを「空」と呼んでいます。

　そして、曼陀羅は、この相互依存の法則の中で対象をどう捉えるべきかという問題を解決する手段として生まれたものだったのです。マンダラチャートが「関係性」に重きを置いているのは、まさに相互依存の法則の中で対象をいかに捉えるかに焦点を置いた構造だからだと言えます。

　もう一つ、曼陀羅が生まれなければならなかった理由があります。それは、「心の構造と機能」を解明することでした。

　私たちの心は、P101の図のように、バウムクーヘンのような4つの層と8つの心でできています。最も外側にある第1の層は「感覚器官」です。

感覚器官は、いわゆる私たちの五感と同じもので、5つの心に分かれています。第1番目の心は「視覚」、第2番目の心は「聴覚」、第3番目の心は「嗅覚」、第4番目の心は「味覚」、第5番目の心は「触覚」です。

この5つの心が外界からの情報を内部に伝達し、心の第2の層にある第6番目の心である「意識」に渡します。意識は、感覚器官から送られた情報を理解する心で、別名「顕在意識」と呼ばれています。私たちが普段「このスープおいしいな」とか「あの車かっこいいな」と思っているとき、それは感覚器官から情報を受け取った意識が思っています。そして、意識は自分が理解したものを第3層に伝えます。

そして、第3層にある第7番目の心は「感情」です。感情は、別名を「潜在意識」といい、意識で認識された情報を「好き嫌いの感情」で判断します。例えば、「あの車は確かにかっこいいけど、高そうだ。自分にはとても手が出ない。あんな車に乗っている奴なんて、いけ好かないよ」などと思うとき、それは第7番目の心である「感情」が思っているのです。

そして、そのさらに奥にあるのが第8番目の心である「貯蔵の心」です。ここには、生まれてから現在までのすべての行動、言動、出来事などの記憶がしまわれています。いうなれば、記憶の貯蔵庫のような場所です。また、ここには私たちの親、祖父母、そのさらに前の先祖たちの行為などもしまわれているとされています。つまり、7つの心の認識（表象）を生み出す源となる心です。

さて、あなたは、この心の構造と機能を知った上で、私たちの行動は心のどの部分に最も大きく影響を受けていると思いますか？

多くの人は、第6番目の心である意識（顕在意識）が理性として働いて、私たちの感情を制御していると考えるのではないでしょうか。人間は動物とは違って、理性的に自分を律することができる生き物なのだから、たま

心は「4つの層」と「8つの心」で構成されている

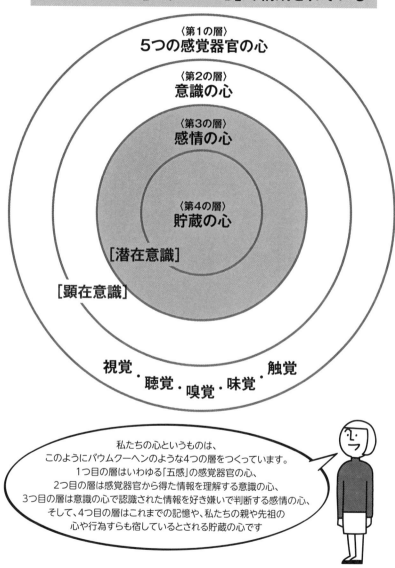

〈第1の層〉
5つの感覚器官の心

〈第2の層〉
意識の心

〈第3の層〉
感情の心

〈第4の層〉
貯蔵の心

[潜在意識]

[顕在意識]

視覚・聴覚・嗅覚・味覚・触覚

私たちの心というものは、
このようにバウムクーヘンのような4つの層をつくっています。
1つ目の層はいわゆる「五感」の感覚器官の心、
2つ目の層は感覚器官から得た情報を理解する意識の心、
3つ目の層は意識の心で認識された情報を好き嫌いで判断する感情の心、
そして、4つ目の層はこれまでの記憶や、私たちの親や先祖の
心や行為すらも宿しているとされる貯蔵の心です

に感情に流されることはあっても基本的には「意識」が心の大半を支配している、と。ところが、それは違います。私たちの心の主導権を握っているのは、実は、第7番目の心「感情(潜在意識)」なのです。

例えば、あなたが以前に犬に噛まれたことがあるとしましょう。そのときの恐怖が貯蔵の心に恐ろしい記憶として植え付けられると、あなたが次に犬に出会ったとき、その犬がとてもこちらを噛んでくるようには見えない可愛らしい子犬であっても、感情があなたを支配してその犬への恐怖心を反射的に抱かせるようになります。つまり、感情は貯蔵の心にしまわれている過去の記憶を眺めて参照しながら、意識に対して「恐れよ!」と命令を発している司令塔のような存在なのです。

感情が私たちの心を支配していると聞くと、一部の人は「自分はいつも感情的でいるわけではない」と反論したくなるかもしれません。確かに、感情は常に暴れ回っているわけではなく、普段は鳴りを潜めていることが多いのです。

しかし、ひとたび何か問題が生じると、私たちは世の中のほとんどのものを感情を通して見るようになり、恣意的に判断するようになるのです。ご自分の人生を振り返ってみてください。私たちはおおむね理性的に振る舞っていますが、ひとたび問題が持ち上がったり、トラブルが発生したり、他人とのあいだで対立が起きたりすると、理性のフィルターがとたんに曇り、激しい感情に駆られて物事の本質が見えなくなってしまう。そんな経験をしたことがある人は多いのではないでしょうか?

感情の前では、理性は実に無力な存在なのです。

そして、曼陀羅はこの「あなたの心(特に感情)が世界をつくりだしている」という真理を図で解き明かしたものなのです。

マンダラは人間の脳と心を結びつける力を持っている

　さて、もう少し曼陀羅の話をさせてください。

　前項では、曼陀羅というものが何のために生まれる必要があったのかというお話をしました。

　1つ目の理由は、この世は実体がなく、他者（対象）との関わり合いの中で「ありよう」が変わる相互依存の法則によって成り立っており、曼陀羅はその構造を理解するための図であること。

　2つ目の理由は、私たちは第7番目の心である「感情（潜在意識）」に心の主導権を握られており、感情は、私たちが生まれてからこれまでのあらゆる記憶がしまわれている貯蔵の心と結びつきながら、第6番目の心である「意識（顕在意識）」と「感覚器官」を支配していることを、誰にでも理解できるように図で表すためでした。

　つまり、曼陀羅は人間の心が持っている「特性」を映像で表したものであり、その特性とは「この世のすべては実体がなく、他者（対象）との関わり合いの中でありようが変わる」ことと、私たち人間は、感情の心に主導権を握られている状態で、「この世を自分の感情というフィルターを通して見ることで、自分で自分の世界をつくっている」ということでした。ちなみに、前にも述べたように「この世に実体がない」ことを仏教では「空」と呼びます。

　「自分で自分の世界をつくっている」ということについて、もう少し説

明しましょう。例えば、森の中を歩いていて、ヘビのように見える細長い
ものが目の前の地面に落ちていたとします。ヘビが怖いという感情に支配
されていると、あなたの心はそれを「ヘビ」だと認識しますが、よく見る
とそれはヘビに見える「縄」だったことがわかりました。そして、その縄
をさらによく観察すると、それは複数の「わら」がよりあわされたものに
過ぎないということがわかりました。

　これこそが、「あなたの心が世界をつくりだしている」ということであり、
仏教ではこの人間の心の特性を「唯識」と呼びます。これは、「ただ意識
あるのみ」という意味です。

　また、このヘビ、縄、わらを用いた例え話は、仏教における有名な例え
話で、仏陀から3世代後に現れた弟子バスバンドゥ（世親）は、「人が河
と見ているものも、魚は道路や家と見ている」と表現しました。同じ世界
でも、見る人が変われば、その世界は違って見えるようになるわけなので、
「私たちは自分で自分の世界をつくっている」ということになります。

　曼陀羅が、このような構造を持っているということを踏まえると、曼陀
羅は私たちに非常に有意義なメッセージを伝えてきてくれていることに気
づくと思います。

　まず、1つ目のメッセージは、この世には実体がなく、他者との関わり
合いの中でそのありようが変化するわけですから、「こちらが心のありよ
うや世界の見方を変えれば、私たちが手にする結果も変わり始める」とい
うことです。そして、私たちの心は第7番目の心である感情によって支
配されていて、感情が貯蔵の心と手を結んで意識に影響を与えているわけ
です。こちらの「心のありよう」がどのようなものになるかは感情にかかっ
ており、感情と貯蔵の心の結びつきを断ってしまえば、心の主導権を意識
に取り戻すことができるということです。これが、曼陀羅が私たちに伝え

心の構造は脳の機能とつながっている！

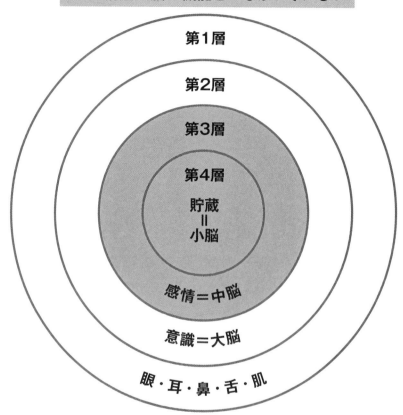

第1層

第2層

第3層

第4層

貯蔵
＝
小脳

感情＝中脳

意識＝大脳

眼・耳・鼻・舌・肌

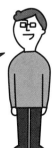

P101で紹介した人間の心の構造と機能は、
そのまま脳の構造と機能と重なっていると考えられます。
第4層の貯蔵の心は「小脳」のことを指し、第3層の感情の心は「中脳」、
第2層の意識の心は「大脳」を指していると考えられるのです。
そして、この心と脳の構造と機能は、
そのままマンダラの構造と一致しているのです。
つまり、心＝脳＝マンダラなのです

ている2つ目のメッセージなのです。

　P102で紹介した、犬を恐れている状態の話を思い出してください。あなたが、一度でも犬に噛まれたことがあると、その恐怖の記憶が貯蔵の心にしまわれます。そして、その貯蔵の心は、第7番目の心である感情と手を結んでいて、意識とは手を結んでいません。

　そのため、感情（潜在意識）はその貯蔵の心にしまわれている「犬に噛まれた恐怖」を、第6番目の心である意識（顕在意識）を飛び越えて、第1から第5番目の心である感覚器官に伝えてしまいます。

　そのため、あなたは次に犬と出会ったとき、その犬がどんなに無害そうに見えても、手に冷や汗をかき、心拍数が上がるなどの恐怖の生理反応が身体に引き起こされるのです。

　もし、それとは反対に私たちの意識が感情を支配しているのなら、このようなことは起きないはずです。恐怖の記憶が貯蔵の心に存在していても、意識が「いや、この犬は無害そうだ、だから恐れることはない」と命令すれば、あなたは一切の恐怖の生理反応を起こさないことになります。

　しかし、現実はそうではありません。意識の上では「無害そうだ」と思っていても、それでも否応なく恐怖の反応が起きてしまう。それが私たちの心です。つまり、感情が心そのものの主導権を握ってしまっているのです。

　そのようなわけで、曼陀羅は感情と貯蔵の心との間にある結びつきを断ち切ることで、心の主導権を私たちの意識に取り戻すための有効な手段でもあるのです。そして、これこそがマンダラチャートの持っている「不思議な力」の源泉といえるでしょう。

　曼陀羅は、今から1200年ほど前に、仏教の開祖である仏陀から数えて4代目に当たる密教の弟子たちが考案したものです。こういった心のメカ

ニズムを踏まえてつくられているものですので、時代を超えて現代を生きる私たちの考え方や行動を正しい方向に導いてくれるパワーを今もなお秘めているのです。

　また、曼陀羅は人間の心の構造と機能を説明しているものですが、現代科学では心と脳が同一のものであると考えていい証拠がいくつか見つかってきています。つまり、曼陀羅は私たちの脳の構造とも共通する構造を持っているということなのです。

　アメリカの脳科学者であるポール・D・マクリーンは、1968年に人間の脳が爬虫類の反射脳と哺乳類の情動脳と新哺乳類、つまり人間の理性脳の３つの脳のバランスの上に成り立っていると発表しました。

　爬虫類の脳（ワニの脳）は、私たちの小脳にあたり、哺乳類の脳（ブタの脳）は、私たちの中脳にあたり、人間（新哺乳類）の脳は、私たちの大脳にあたるというのです。小脳は、中枢神経と自律神経に直結している本能をつかさどる部分、中脳は、別名を大脳辺縁系といって情動・記憶などをつかさどる部分、そして、大脳は大脳新皮質と呼ばれ、感覚器官や理性をつかさどる部分を指します。

　これらを踏まえると、マクリーン博士が解き明かした脳の構造と機能が、曼陀羅の解き明かした心の構造と機能にとてもよく似ていることがおわかりになるでしょう。つまり、第６番目の心である意識が、脳における理性脳である大脳にあたり、第７番目の心である感情が、脳における情動脳である中脳にあたり、第８番目の心である貯蔵の心が、脳における反射能である小脳にあたるというわけです。

　このように、曼陀羅は私たちの脳と心の構造と機能がどのようなものであるかを解明するとともに、私たちに目標達成や問題解決のために必要な道筋を示してくれる光明になりうるものなのです。

相互依存の考えが
成功へと導く

　私たちの行動には、基本となる原則があり、それは3つのタイプに分けられます。その3つとは、「他者依存」「自己依存」「相互依存」です。マンダラチャートの根底に流れているマンダラ思考、ひいてはその源流である仏教の智慧においては、相互依存の法則を理解して実践することが、豊かな人生を送る上で重要であるとしています。ところが、世の中のかなり多くの人が、この相互依存の法則を理解しておらず、「他者依存」や「自己依存」の状態で生きているのです。ここでは、その3つの行動の原則の違いについて、ある例え話を用いて皆さんに説明したいと思います。

　同じ大学を卒業した3人の若者、A君、Bさん、C君が同じ会社に就職しました。3人とも、学力、体力、気力のほか、会社員として求められる基礎的なスキルもほとんど同レベルでした。3人とも同じ営業部に配属されて、同じ研修を受けた後で、エリアは異なるものの同じ営業職に従事することになりました。ところが、この3人の若者はそれぞれ行動の原理が異なっていたのです。

　まず、A君は「他者依存」でした。A君の考え方はこうです。
「上司から受けた指示、命令は確実にこなします。どんなノルマを求められても、それだけを確実にこなしていれば、僕は評価されるはず。それこそが自分が求められていることであり、会社員としての当然果たすべき職務だと思う」

誰が人生の成功者になるのか？

A君

上司に言われたことは
確実にこなす自信があるし、
社員として当然やるべきことを
やっていれば評価されるよね

他者依存

Bさん

目標を達成できないなら
上司が求めている以上のことを
するのもいとわない。
目標のために利用できるものは
何でも利用するわ！

自己依存

C君

人生は望んでも
うまくいかないこともある。
だから、目標達成のために、
お客さんや周囲の人たちとの関わりに
重点を置いてがんばろうと思う

相互依存

あなたは、この3人の中で
誰が一番成功すると思いますか？

一方、Bさんは「自己依存」でした。Bさんの考え方はこうです。

「上司から課せられたノルマを果たしているだけでは、目標を達成することはできないから、私は上司が課してきたノルマをそのまま守る必要はないと思う。自分の頭で考えて、目標の達成に必要だと思ったことをやるべきであって、そのためには手段を選ばないし、時には上司の言うことを聞かない方がいい場合もあるでしょう」

　C君は、「相互依存」の考え方を持っていました。

「僕も2人のように目標達成はしたいと思っているけれど、大学受験のような勉強と、実社会での仕事は本質的に異なるものだと思う。仕事は、ほかの人たちが関わってくる以上、絶対的な正解がないものじゃないだろうか。自分が目標を達成したいという気持ちをただ押し通そうとしても、相手の気持ちを変えることができなかったり、どうすることもできなかったりするような状況にぶち当たることもあるはず。だから、自分は目標を達成するために、あえて周囲の人たちとの関わりを大事にしたいと思う」

　さて、この3人の考え方を聞いて、あなたはどう思いましたか？　あなたは、どの若者のタイプに近いでしょうか。1年後にどうなっているでしょうか。実は、A君、Bさん、C君の3人は、1年後、はっきりと明暗が分かれることになりました。

　まず、「他者依存」のA君は、他者から求められることを受動的にこなしているだけでした。上司の指示・命令を徹底的に忠実にこなし、頑張って働いていました。仕事ぶりは実に几帳面で、勤勉そのものといった印象でしたが、1年後の上司からの評価は「まぁまぁ」。営業成績自体もお世辞にもよいといえるものではなく、A君も自分の現状に不満を抱えていました。他者から言われたことだけを受け身でこなしているだけでは、他の人から抜きん出ることはできず、「ただ言われたことをこなしている人」

の域を出られなかったのです。

　一方、「自己依存」のBさんは、彼女の当初の考え通り、目標達成のためならどんな手段でも使う！　という姿勢で、仕事に邁進していきました。その姿勢のおかげか、Bさんはめきめきと頭角を現していき、営業成績も人よりも抜きん出てトップに躍り出ました。ところが、彼女の目標を最優先する態度が、上司をはじめ周囲の人びととの軋轢を生んでしまいました。彼女はいつしか部内でも孤立するようになり、その傍若無人ともいえる態度のせいで、顧客ともトラブルを抱えるまでになりました。今や、彼女の味方をしてくれる人は部内には一人もいなくなってしまいました。それまで、目標達成を第1の目的としてすべてを捧げてきたBさんは、精神的にも身体的にも燃え尽きたようになってしまい、「こんなに頑張っているのに、なんで周りの人間たちは自分の価値を理解してくれないんだ！　ふざけるな！」と怒りを募らせています。

　そんな2人とは対照的に、C君は公私ともにうまくいっていました。C君は、当初の考え方の通りに「他者との関わりを優先して」仕事と向き合ってきました。「お客さんにはそれぞれの個性があり、絶対的に正しい答えというものはない。だから、こちらの姿勢が変われば、相手の姿勢も変わるし、相手の姿勢に合わせてこちらの姿勢を変えれば、相手の姿勢が変わることもある。自分の我を通すのではなく、相手との関わりを良好に保つことを最優先にして考えれば、何が正解かは自ずとわかってくるはず」というのがC君の仕事への姿勢でした。C君は、常にお互いの関係性を重視して仕事に取り組んだので、スロースターターではありましたが、徐々にお客との間に信頼関係が築かれ、次第に成績が安定していきました。1年が経過する頃には、社内・社外を問わず、C君の周りには良好な人間関係が築かれるようになり、上司や先輩からも高い評価を受け、深く信頼され

るようになっていったのです。最終的に、Ｃ君はＡ君とＢさんよりも高い営業成績を上げることに成功しました。

　このように、ほとんど同じ能力を持っていたはずの３人の若者の明暗ははっきりと分かれてしまいました。その原因は、ただ１つしかありません。それは、彼らの行動の原理が違っていたからです。

　他者依存のＡ君は、行動の原理を「他者」に置いていました。他者から言われたことを忠実にこなすことが、彼にとっての正義であり、それさえしていれば大丈夫と思っていたのです。営業成績を上げることではなく、他者からの指示・命令をこなすことが、彼の「目標」になってしまっていたのです。他者依存の考え方を採用すると、往々にして他者の決めた枠組みの中でしか努力しないようになってしまいます。

　自己依存のＢさんは、Ａ君とは逆の考え方をしていました。他者の指示・命令を忠実にこなすのではなく、他者の思惑など気にせず、自分の目標を最優先させたのです。そして、上司、先輩、顧客など周囲の人びとの気持ちを度外視してなりふり構わず行動した結果、彼女は人とのつながり、信頼関係といったものをすべて失ってしまったのです。

　３人の中で最も成功したのは相互依存の考え方を持っていたＣ君でした。Ｃ君は、自分以外の他者（対象）との関わり合いを良好なものに保つということにフォーカスしていたので、初めのうちは成績がなかなか上がりませんでしたが、最終的には良好な人間関係という基盤の上に、人よりも抜きん出た営業成績を打ち立てることができたのです。

　このように、相互依存の法則に基づいた「他者との関わりを大切にし、他者とともに成功するという考え方」の方が、最終的には私たちをビジネスでの成功だけでなく、豊かな人生へと導いてくれるのです。あなたも、ぜひ「相互依存」の考え方を採用してみませんか。

〈相互依存〉か〈他者依存〉か？

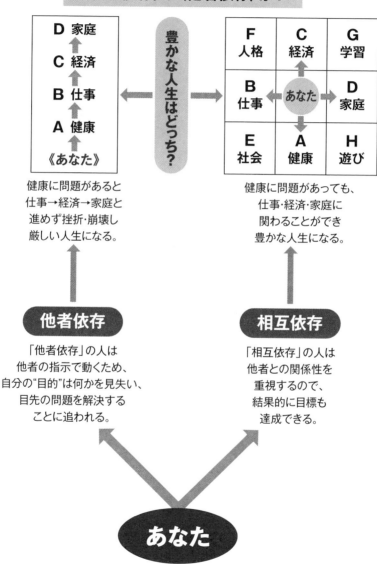

豊かな人生はどっち？

D 家庭		
↑		
C 経済		
↑		
B 仕事		
↑		
A 健康		
↑		
《あなた》		

F 人格	C 経済	G 学習
B 仕事	あなた	D 家庭
E 社会	A 健康	H 遊び

健康に問題があると
仕事→経済→家庭と
進めず挫折・崩壊し
厳しい人生になる。

健康に問題があっても、
仕事・経済・家庭に
関わることができ
豊かな人生になる。

他者依存

「他者依存」の人は
他者の指示で動くため、
自分の"目的"は何かを見失い、
目先の問題を解決する
ことに追われる。

相互依存

「相互依存」の人は
他者との関係性を
重視するので、
結果的に目標も
達成できる。

あなた

「3×3の9マス」が持つパワー

　仏教の智慧の集大成であり、この宇宙の原理を2枚の絵で表現した「曼陀羅図」。そのエッセンスを思考、発想、情報整理、スケジュール管理に取り入れたのが「マンダラチャート」です。マンダラチャートの最大の特徴と言えるのが、3×3の9マスから成るマトリックス構造。この構造には、あなたの想像をはるかに超えるパワーが秘められています。

　3×3の9マスは、目標達成や問題解決、またチャプター4で紹介するようにスケジュール管理にも絶大な威力を発揮してくれますが、それ以外にも私たちにアイデアやひらめきをもたらしてくれるパワーがあります。

　ここでは、なぜ、マンダラチャートのマトリックス構造が、私たちにひらめきを与えてくれるのかということを見ていきましょう。

　ぼくは、これまでに何人もの方から「マンダラチャートを使っていると、ひらめきが起こるんです」という実体験を聞いてきました。それまで壁にぶち当たって、何も思いつかずに途方に暮れていた人が、マンダラチャートで問題を整理し始めたとたんに、脳が勝手に答えを教えてくれるようになったというのです。

　それでは、そもそもなぜマンダラチャートは、私たちにひらめきをもたらしてくれるのでしょうか？

　私たちがマンダラチャートを書き始める前と後では、脳の中の状態がど

う違うのかを考えてみましょう。マンダラチャートを書く前、私たちの頭の中には、まったく規則的なまとまりを持たない複数のアイデアが雑然と散らかっている状態です。ところが、マンダラチャートにそのアイデアを書き始めると、雑然とした混沌状態が整理されていき、一気に具体化かつ鮮明化していくのです。

　しかも、マンダラチャートを書く前の私たちは、ほとんどの場合、目標やアイデアに対して同時・多方向的なアプローチを取ることができていません。どういうことかというと、頭の中に複数の目標やアイデアがある状態で、それらの一つひとつを取り上げて意識を向けますが、「全体像」と「全体と部分の関係性」を捉えられていないために、単独の問題やアイデアをそのときそのときで「散発的」に考えている状態にとどまっているわけです。

　ところが、3 × 3 の 9 マスの中心に「テーマ」を書き、それに関連する要因を周辺に書き込んでいくと、混沌としていた情報が整理されていくだけでなく、中心的なテーマとそれと関連する要因との間にある「つながり」を常に意識できるようになります。何と何がつながっているのか、何と何が関係していて、お互いに影響を与え合っているのかが、視覚的にひと目で把握できるようになり、私たちの頭に刻み込まれるのです。

　そして、9 マスを埋め終わったマンダラチャートを眺めると、中心から周辺への関わり、周辺から中心への関わりがはっきりとわかり、「同時」に「多方向」への思考ができるようになります。

　同時・多方向と聞くと、何か難しいことをしているように感じるかもしれませんが、人間の脳というものは、本来、同時・多方向に思考しているのが普通です。むしろ、マンダラチャートが初めてその人間の脳の特性にフィットしたメソッドとして登場したともいえるのです。つまり、マンダ

ラチャートにあなたの思考が表現されると、思考が「本来あるべき状態として表現される」ようになるといってもいいでしょう。

　なおかつ、マンダラチャートを使うと、思考が際限なく広がっていくようにはならず、３×３の９マスという枠組みの中でまとまるようになります。そのため、全体と部分の関係が把握されて同時・多方向に考えるとともに、思考にまとまりが生まれるので「具体的に何をすればいいのか」がよくわかるようになり、実際の行動につながりやすくなるのです。

　このような私たちの脳の構造にフィットした同時・多方向的な思考が自然にできるようになるからこそ、マンダラチャートは私たちにそれまでは気づかなかったことに気づく「ひらめき」をもたらしてくれるのです。

　そして、マンダラチャートが、ひらめきをもたらしてくれる理由はほかにもあります。あなたは、「セレンディピティ」という言葉を聞いたことがあるでしょうか。セレンディピティとは、「偶然の発見」や「予期しない幸運」、または、それと巡り合うための能力のことを言います。

　セレンディピティの例としては、浴槽に入ったときにあふれるお湯を見て王冠の不純物の有無を見分ける「アルキメデスの原理」を発見したアルキメデスや、リンゴが木から落ちるのを見て、それをただ落ちたと捉えるのではなく、地球に引っ張られたと捉えて「万有引力」を発見したニュートンなどが挙げられます。

　つまり、セレンディピティとは、ずっとあなたが追い求めていたアイデアが、思いもよらなかった偶然が重なって思いつくこととなり、結果的にそのアイデアによってあなたに成功や幸運がもたらされることだと言えます。程度の差こそあれ、こうしたことを経験したことがある人はそれなりにいるのではないでしょうか。

　いうなれば、私たちの内からやってくるのが「ひらめき」、外からやっ

なぜ、マンダラチャートはひらめきを生むのか？

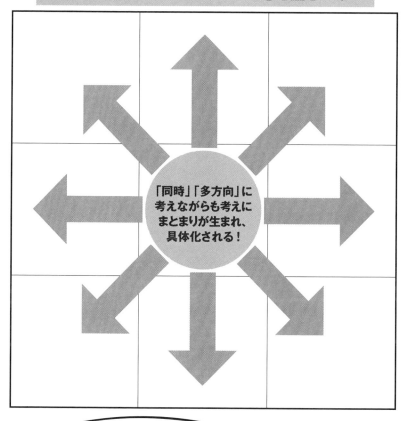

「同時」「多方向」に
考えながらも考えに
まとまりが生まれ、
具体化される！

マンダラチャートでは、
ごちゃごちゃした考えを整理して具体化するとともに、
人の思考のメカニズムと同じく「同時」「多方向」に
考えることができるから、
ひらめきが生まれやすい！

てくるのが「セレンディピティ」なのです。

　マンダラチャートは、このセレンディピティをもどんどん呼び込んでくれるようになります。なぜ、呼び込んでくれるのでしょうか。

　それには、マンダラチャートの持つ3つの特性が関係しています。

　1つ目は、「固定観念を取り払ってくれる」。マンダラチャートを使っていると、自然と相互依存の法則に基づいた考え方ができるようになります。一つの物事が、他の物事との関わりの中で「ありよう」が変わるということを実感できるようになるからです。これによって、それまで「こうだ」と思っていた固定観念が取り払われて、物事が新しい姿で立ち現れてくるようになるのです。

　2つ目は、「視点を変えてくれる」。マンダラチャートには、前にも述べたように全体を鳥瞰する「鳥の目」、部分を見る「虫の目」、全体と部分との関係性や傾向（トレンド）を見る「魚の目」の3つの視点があります。ですから、チャートをずっと見ていると、物事をさまざまな視点から見るようになり、それまでに気づかなかったことに気づきやすくなります。

　3つ目は、「脳に刻み込まれる」。マンダラチャートを書いて繰り返し見ることで、あなたは自分が何を求めているのか、どんな目標をどんなふうに達成するのか、どんな問題をどう解決したいのかということを常に意識するようになります。すると、あなたの脳は、その目標達成や問題解決に必要な情報に「気づき」やすくなるのです。人間の脳は、意識しつづけていることを、探しだそうとするからです（P60のカラーバス効果を参照）。

　このように、マンダラチャートは私たちの内から「ひらめき」を生み、外からは「セレンディピティ」を呼び込むようなパワーを秘めているものなのです。ひらめきが欲しい、偶然の幸運が欲しいならば、それを求めてマンダラチャートに向き合ってみましょう。

マンダラチャートがセレンディピティを呼び込む3つの要因

日本式の目標達成手法に最適なツール

　本来、欧米人は狩猟民族で、日本人は農耕民族であったことはよく知られています。また、欧米人は一神教（キリスト教）を長らく信仰してきましたが、日本人は多神教の根付く風土で生きてきました。

　実は、これらの違いは、私たちの目標達成手法や自己管理手法にも影響を与えています。欧米で主流となっている目標達成手法や自己管理手法は、狩猟民族らしく「1つの目標に集中する」ことが求められます。

　例えば、月曜日には月曜日の目標を設定してそれを達成し、火曜日には火曜日の目標を設定してそれを達成するといった具合に、一日一日の目標を設定して、それにリソースを集中させ、片づけていくわけです。狩猟民族の、複数の獲物を同時に追えばいずれも逃してしまう可能性を避けようとする習性が、この目標達成手法によく表れていると思います。

　ところが、この目標達成手法には大きな欠点があります。詳しくはチャプター4で解説しますが、人生には8つの分野があります。健康、仕事、経済、家庭、社会、人格、学習、遊びです。これらのそれぞれに目標を設定して達成しようとするとき、欧米型の達成手法ではいずれも中途半端になりやすいのです。なぜなら、各分野の目標を山に例えるとよくわかると思います。一つの山に登ろうとしながら、他の山を登ることはできますか？　できませんよね。ですから、欧米型の達成手法だと人生のいろいろな分野を充実させるということが非常に難しいのです。一方、日本人のような農耕民族は、狩猟民族とは違って、複数の目標を同時進行的に達成することに慣れています。あっちの畑では野菜を栽培し、こっちの田んぼでは米を栽培し、空き時間には他の農作業をするといった具合です。情報化がますます進んできた現代において、こうした「複数の目標を同時に達成しようとする」手法は、日本のみならず世界全体で求められるようになってきています。

　そして、この「多目標、多行動」を実現するためにピッタリのツールが、3×3の9マスでできているマンダラチャートなのです。チャプター4では、マンダラ構造を使っていかに目標を達成するかを詳しく見ていきます。

目標を叶え、人生を豊かにする
マンダラ思考法

マンダラチャートは問題を解決したり、短期的な目標を達成する
だけでなく、人生の目標を叶えたり、人生そのものをさらに豊か
にするのに大きな役割を果たします。人生の目標を叶え、人生を
豊かにする「マンダラ思考」を手に入れましょう。

マンダラ思考8原則①
相互依存

　さて、ここではマンダラチャートの根底に流れている「マンダラ思考」について、深く掘り下げていきたいと思います。マンダラ思考には8つの原則があり、のちに紹介するマンダラチャートの原理をスケジュール帳に応用した「マンダラ手帳」の内容とも対応しています。今後、マンダラ思考をさまざまな分野で活用したいと思っているあなたは、この8つの原則をきちんと頭に入れておきましょう。

　マンダラ思考の第1の原則は、これまでにも何度か登場してきた「相互依存」です。これは、この世に存在するすべてのものは、その周囲にいる人たちとの関わり合いによって「ありよう」が変わるという原則です。図を見てください。一見すると、ただの筒状のガラスも、それを見る人によっては「コップ」になれば、「ペン立て」にもなり、はたまた「凶器」にもなりうるのです。これは、コップだけに限らず、すべての人、物、事象に言えることです。

　もし、あなたが幸せで豊かな人生を手に入れたいと切に願っているのなら、P108で紹介した「他者依存」でも「自己依存」でもなく、「相互依存」の原則を生き方として採用してください。私たちが幸せになるのに「これさえしていればいい」という絶対の原則はありません。他者優先でも自己優先でも、幸せにはなれないのです。そうではなく、自分と他者との関わり合いを優先する。そうすることで、幸せに近づいていけるのです。

他者との関わり合いに重点を置く

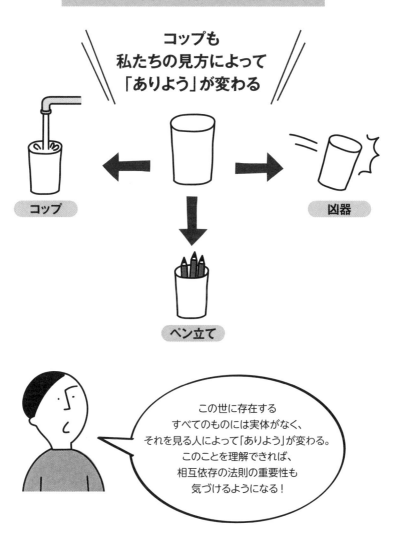

**コップも
私たちの見方によって
「ありよう」が変わる**

コップ

凶器

ペン立て

この世に存在する
すべてのものには実体がなく、
それを見る人によって「ありよう」が変わる。
このことを理解できれば、
相互依存の法則の重要性も
気づけるようになる！

マンダラ思考8原則②
統合力

マンダラ思考第2の原則は「統合力」です。

これまでマンダラチャートの書き方を学んできたあなたは、マンダラチャートというものが「全体」と「部分」との関係性を同時につかむのに適したメソッドだということをご存じだと思います。

統合力とは、この全体と部分とを統合するということです。いわば、森と木の両方を同時に認識して見るということです。

全体と部分との関係性がわからないと、どういうことになるかというと、図のように私たちは人生という旅路において「遭難」してしまいます。自分が全体の中のどの部分にいるのかがわからなくなるからです。これは、人生という単位だけでなく、目の前の問題を解決するときも、ある目標を達成しようとするときも同じです。

自分がその全体のプロセスのどの部分にいるのかがわからなければ、問題解決も目標達成も望むべくもありません。まずは、現状を認識することから始めないと、同じ場所を堂々巡りしているだけで終わってしまいます。

マンダラチャートは、全体を見渡す「鳥の目」、部分を見る「虫の目」、全体と部分の関係性を見る「魚の目」の3つの視点から物事を捉えることができるので、全体と部分とが私たちの頭の中でがっちりと統合され、そのため私たちは自分たちの居場所をしっかりと把握し、どちらに向かって進んでいけばいいのかが明確にわかるようになるのです。

全体と部分との関係性で見る

自分の位置を見失うと、人生そのものを見失う

地図も
コンパスもなくて、
自分が今どこに
いるかわからない……
困った……

自分がどこにいるかわからないということは、
全体の中で部分としての自分がどこにいるかわからないということ。
マンダラチャートは、自分が今、全体の中のどこにいて、
どんな問題と直面しているか、そして、それにどう対処していけばいいかを
常に教えてくれる最強のフレームなんだ

マンダラチャートA型

F	設備	C	営業地域対策	G	発送処理
B	商品管理	**ビジネスの分野** 私		D	新規顧客対策
E	既存顧客対策	A	売上	H	経理への処理

マンダラ思考8原則③
あるべき姿

　マンダラ思考第3の原則は「あるべき姿」です。

　あるべき姿の原則とは、言い換えれば、目標を過去の延長として捉える「プッシュ思考」ではなく、未来のあるべき姿を目標として捉えて、逆算的に計画を立てる「プル思考」を行うという原則です。図をご覧ください。目標を過去の延長だと捉えるなら、その地点に向かって何かを押していくからプッシュ思考、目標を未来のあるべき姿だと捉えるなら、その地点にフックをかけてロープを引っ張っていくからプル思考と呼ばれています。

　マンダラ思考では、このプル思考がとても重要です。のちほどP140で詳しく解説しますが、あるべき姿の原則を採用すると、ちまたでよく知られているPDCAサイクルではなくCAPDサイクルで考えるようになります。これは、最初に計画を立てるのではなく、まず現状認識を正しく行い（Check）、その現状の真の原因は何かを考え（Action）、未来はどうあるべきかという「あるべき姿」を考え（Plan）、そのあるべき姿になるための行動を考えて実践する（Do）というサイクルです。

　マンダラ思考では、このように、常にあるべき姿を始点にして現状とそのあるべき姿との間の溝を埋めていくという考え方を採用しています。これによって、目先の現状に振り回されたり、翻弄されたりすることなく、あるべき姿を見据えて向かって行くので、自信を持った行動を取ることができるようになります。

未来のあるべき姿から今の自分を見る

あるべき姿の位置づけ

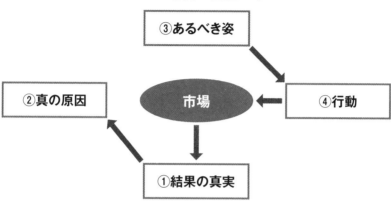

今、何をするべきか？と考える「プル思考」

目標を実現していく
人の思考は必ず将来に
あるべき姿を描き、
それに向かって
行動する。

未来の「あるべき姿」は
どのようなものかをイメージして、
そこから今を見て目標を立てていく考え方の方が、
目標を実現する力が強い
ということを知ろう！

頂きに
向かって
フックを！

ザク

そこにフックをかけて
ロープをたぐって登って
いくのです！

マンダラ思考8原則④
開発力

　マンダラ思考第4の原則は「開発力」です。

　開発力とは、新しい物事を開発するための力のことですが、あなたが人生とビジネスにおいて幸せと豊かさを求めているなら、ぜひとも開発力の原則を実践する必要があります。新たなひらめき、アイデア、企画といったものを生み出さなければ、他の人との差別化を図ることはできないからです。

　マンダラ思考では、開発力は「常に念じて磨き続ける」ことで身につけることができるようになると考えられています。常に念じて磨き続けるからこそ、そのアイデアがひらめきやセレンディピティとして、あなたのところにやってくるのです（P114〜119参照）。そのアイデアを手に入れるために、あらゆる手段を講じて、全力を尽くして行動する。その結果として、頭の中で化学反応が起きてひらめきが訪れるのです。

　そして、図のように先例やマニュアルを学ぶ「常識実践」、専門的知識を学ぶ「専門実践」、独力を発揮する「独力実践」、平常心で捉える「瞑想実践」を行うことで、パッとひらめきが訪れるようになります。これは、仏教における「中道」という考え方が元になっています。

　平たく言えば、あなたにできることをすべて行い、最後に気持ちを落ち着けて瞑想（リラックス）したときに、ひらめきが突然訪れるということです。ひらめきをただ待つだけでなく、できることは全部やるべきです。

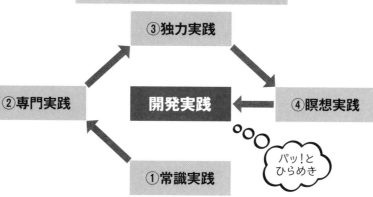

マンダラ思考8原則⑤ 感謝

　マンダラ思考第5の原則は「感謝」です。

　マンダラチャートの根底には、「私たちの心がこの世界をつくっている」という考え方があります。これは仏教に由来する考え方で「唯識」と呼ばれます。

　マンダラ思考では、あなたの環境は、あなたの心がつくり出しており、他人もそれと同様に自分の環境をその人の心がつくり出していると考えるのです。そうであるとするならば、そうした関係性の中で幸せで豊かな状態を目指すには、常に自分たちの心を整えておく必要があります。なぜなら、心が環境を、ひいては人生をつくり出してしまうからです。

　心を整える上で、重要になってくるのがこの第5原則「感謝」です。どんなことでも「○○のおかげ」という気持ちを持ち、感謝しながら生きていくことで、あなたの環境はさらに感謝したくなるようなものへと変わっていきます。そして、これは必ずしも良くない状況のときでも感謝の気持ちを忘れないことで、危機さえも乗り切ることができるようになります。

　感謝の心を行動に表すには、具体的には図の4つの行動を取ってみましょう。この中で特に大切なのは④です。これは、見返りを求めずに周りの人と関わることを意味しています。見返りを求めれば、心からの感謝ができません。そうすると、心に迷いが生じて、それ相応の現実がつくり出されてしまいます。純粋な感謝の気持ちを忘れずにいましょう。

心を整える

 順調

 契約破談 / 恋人との別れ

楽しい
ひととき

豪華な
フランス料理

最悪の
時間

環境は、
あなたの心が表れているものであり、
あなたの心が変われば環境も
変わるということを理解すれば、
「感謝」の心を持つことが
私たちの人生を良い方向に変えていく
ということも理解できるはず！

③相手の幸せを喜ぶ

②相手に手を差し伸べる

感謝の
4つの心

④相手の役に立った
ことを忘れる

①相手の幸せを考える

マンダラ思考8原則⑥ 主体性

　マンダラ思考第6の原則は「主体性」です。

　マンダラ思考では、この世のすべてのものは他者との関わりの中で「ありよう」が決まる相互依存の法則を採用しています。この「関わり」のことを、別名「縁」と言います。例えば、図を見てください。一粒の籾が蒔かれて、それが春から秋になって稲穂として実るまでには、実にさまざまな条件が必要になります。

　日照り、雨、雑草取り、肥料などの「関わり」があって初めて籾は稲穂となるのです。この関わりこそが「縁」と呼ばれるものです。籾が稲穂になるには、良い縁が必要であり、悪い縁しかなかった場合は、その籾は稲穂として実ることはありません。つまり、原因と結果の間には必ず、良いか悪いかを問わず「縁」が存在しているのです。

　そして、主体性の原則とは、結果の原因は、つまり「縁」を良いものとするか悪いものとするかは自分自身にかかっているということです。良い縁をつくったのも自分、悪い縁をつくったのも自分。だとするならば、自分次第で縁を変えることができるのだから、自分の人生は自分でつくり出せるということになります。

　そして、良い縁をつくるためには、束縛や力みは禁物です。自然で無心な、「こだわらない」「囚われない」「偏らない」ような心のあり方でいることが、良い縁をつくってくれるのです。

自分の人生の主人公として生きる

「原因」はさまざまな「縁」を経て「結果」となる

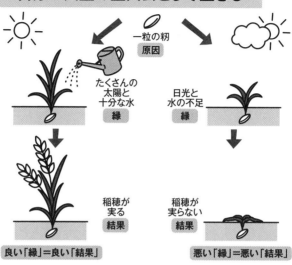

主人公として生きる

良い縁（関わり）があったか、悪い縁があったかで結果が分かれる。他者との関わり方を見直し、「こだわらない」「囚われない」「偏らない」生き方ができれば、豊かな人生を手にすることができる！

マンダラ思考8原則⑦ 仮説検証

　マンダラ思考第7の原則は「仮説検証」です。

　あなたが、人生とビジネスを成功に導きたいと考えているなら、「仮説検証」の原則を実践する必要があります。仮説検証とは、現在自分が出している「結果実績」と「目標」との間にある差を認識して、その目標実現のための対策を立てて実行し、絶えず自分を見つめ直し続けることを言います。つまり、現状と目標との差をなくすにはどうしたらいいのかを常に試行錯誤しながら進んでいくということです。

　仮説検証を進めていく上でのポイントは2つ。1つ目のポイントは開発力の原則のところでもお話ししたように、「実現のためにギリギリのところまで努力すると、ひらめきが訪れる」というもの。仮説検証は、絶え間ない試行錯誤でもありますから、極限まで努力することが求められます。

　2つ目のポイントは、「我欲を見つめ直すこと」。目標が達成できなかったとき、その真の原因は図の通り、見えない部分に隠されています。その一番深いところにあるのが、「自分の思い通りにしたいという思い＝我欲」です。この我欲が正しい方向に向いていたかどうかが重要です。

　我欲が暴走してしまうと、他人への責任転嫁をしてしまったり、心が本当の意味で納得していないのに行動してしまったりします。それでは、目標の実現はままなりません。自らの我欲が、相互依存の法則に則って使われていたかを常に点検するようにしましょう。

絶えず自分を見つめ直そう

真の原因は「見えない部分」にある

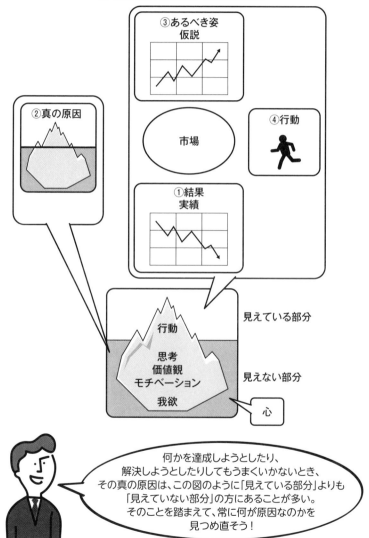

何かを達成しようとしたり、
解決しようとしたりしてもうまくいかないとき、
その真の原因は、この図のように「見えている部分」よりも
「見えていない部分」の方にあることが多い。
そのことを踏まえて、常に何が原因なのかを
見つめ直そう!

マンダラ思考8原則⑧
継続改革

　マンダラ思考第8の原則は「継続改革」です。

　あなたが、マンダラ思考のエッセンスを人生やビジネスを豊かにするために活用したいと望むなら、この最後の原則を実践することが重要です。

　継続改革とは、マンダラ思考の原則に基づいた自己改革を継続して行っていくということを意味しています。あなたは、「変わらないためには変わらなければならない」という言葉を聞いたことがあるでしょうか。世の中は、常に変化し続けています。この変化から目を背けて、自分だけが変わらないことを選択してしまうと、時代から取り残されることになってしまいます。従って、現状を維持するためには、時代の変化とともに自分も変化していく必要があります。これが、変わらないためには変わらなければならないという言葉の意味です。

　この第8の原則は、マンダラ思考の第1原則から第7原則までを生活や仕事に取り入れ、それらを継続して実践し、常に改革と改善を追求していこうという原則です。

　人生においてもビジネスにおいても、目標を立ててそれに向かって行動することは、それほど難しいことではありません。本当に難しいのは、それを目標達成まで「継続」することです。しかし、ある程度まで継続してしまえば、それはあなたの「習慣」になります。マンダラ思考の原則が、完全にあなたの習慣になるまで努力してみましょう。

常にもっとよくなろう！　と考える

F　第6原則　主体性
あなたが中心になって関わり行動する。原因→縁→結果。

C　第3原則　あるべき姿
過去の延長に未来はない。あるべき姿から今を見る。

G　第7原則　仮説検証
目標と実績の差を認識し、目標実現のために対策する。

B　第2原則　統合力
「全体と部分との関係性」を同時に把握する。

マンダラ思考8原則
1979年、松村寧雄氏によって開発された人生とビジネスを豊かにするための思考法

D　第4原則　開発力
常に念じ続けて、あらゆる行動をする。

E　第5原則　感謝
あなたの環境はあなたの心がつくる。心を整える。

A　第1原則　相互依存
あなたの環境はすべて関わり合いで出現する。

H　第8原則　継続改革
もっと良くなるために自分自身が変わり続ける。

常に改革を怠らずに行動し続け、己を改善し続けることが「豊かな人生」を実現する！マンダラ8原則を継続的に実行し続けよう

「自己管理」に
マンダラ思考を活用する

　さて、これまでマンダラ思考の8つの原則について見てきました。

　この原則に基づいて、目標達成や問題解決のために「継続的に」努力を続けていく必要があるのですが、そのために欠かせないのが「自己管理」です。自己管理と聞くと、苦手意識を持っている方も多いかもしれません。しかし、目標を達成したい、夢を叶えたいのなら自己管理を行うことは必要不可欠です。

　自己管理というものは、簡単なように見えて、実際にやってみると、とても難しいものです。しかし、これまで自己管理ができていなかったという方は、往々にして自己管理の必要性がよくわかっていなかった場合が多いのです。まずは、自己管理の必要性についてきちんと頭で理解しましょう。

　アメリカの心理学者エイブラハム・マズローが唱えた「欲求5段階説」では、最低レベルにある第1欲求は「生存欲求」、第2欲求は「安全欲求」、第3欲求は「帰属欲求」、第4欲求は「認知欲求」、そして、最後の第5欲求が「自己実現欲求」だとされています。私たちの欲求の中で、究極の欲求が「自己実現したい！」という欲求だということです。自己実現とは、自分が本来持っている才能、能力、ポテンシャルを完全に実現することを指します。つまり、自分にできることを全部実現したい、目標も夢も願望も、できることならすべて叶えたいと思う欲求だということです。あなたの心の中にも、「自分という人間が持っている才能、能力をフルに発揮し

たい！　できることをすべてやってみたい！」という欲求が眠っているは
ずです。特に、人生をより豊かで、幸せなものにしたいと思っている人な
らなおさらでしょう。

　この自己実現の欲求を叶えるためには、当然、「自己管理」が求められ
ます。なぜなら、自己管理ができないと、目標に向かっている途中で挫折
してしまったり、あるいは、仕事にかまけて目標そのものを忘れてしまっ
たり、少しずつでも目標には近づいていても自分では実感が持てなかった
りするからです。ですから、自己管理術を身につけることが、あなたの自
己実現をサポートしてくれるのです。ところで、あなたは、自己管理は得
意な方でしょうか。ほとんどの方は得意ではないと答えるのではないかと
思います。自己管理が得意ではなくても、落ち込む必要はありません。

　なぜなら、人間という生き物は、本来、自己管理が苦手だからです。そ
の理由は、次に挙げる 8 つの障害があるからです。

　1. 頭の中が混乱していて、整理がしにくい

　2. 集中すべき対象になかなか集中できない

　3. 脳の全体を働かせることができない

　4. 問題を細部まで認識することができない

　5. 分散した個々の情報を有機的に結びつけることができない

　6. 全体と部分とを統合的に理解することができない

　7. 何が問題かを明確にして、具体的な行動を取ることができない

　8. 問題解決や目標達成に必要な情報を「長期記憶」にできない

　ここまで読んだあなたはもうお気づきかもしれません。そう、これら
の障害はすべてマンダラチャートを使うことで解消できるのです。自己管
理術はマンダラ思考をベースにしたものを使えば、うまくいきやすいの
です。

マンダラチャートをつくる際は「CAPD」で考える

　今やビジネスパーソンなら知らない人はいないというほど普及している「PDCA」サイクル。実は、現実的な問題解決にはあまり向いていません。PDCAが問題解決に向いていないと聞くと、驚かれる方も多いかもしれませんが、これは本当です。

　PDCAサイクルとは、P（Plan＝計画）、D（Do＝行動）、C（Check＝現状認識、分析）、A（Action＝改善のための行動）という４つのプロセスを通ることによって、問題を解決したり、状況を改善したりする手法のこと。

　ところが、このプロセスは実はあまり現実的ではありません。現実的なプロセスは「CAPD」の順番だと考えます。まず、最初にCがあるべきです。なぜなら、問題が起きた場合は、いきなり計画を立てることはできません。むしろその問題の現状認識、現状分析が行われるのが第１ステップのはずだからです。そして、その問題の原因を考えながら、すぐさまアクションに移らないといけません。１分１秒を争うときならなおさらです。ですから、第２ステップはAになります。そして、その後で真の原因が発見されてからようやくPの段階に入り、最終ステップとして問題解決のための本格的な行動を取るわけです。

　マンダラチャートをつくる際にも、ぜひこのCAPDの順番を意識して作成すると問題解決がグンとしやすくなるでしょう。

「CAPD」での問題解決とは？

第3ステップ●Plan

**解決の着地を
想定**

- 再発防止
- 作業員への再教育
- クレーム対応

第2ステップ●Action

原因の発見

A工場での調査から、特定の製造機械に不具合が生じていたが、そのことを担当者が放置していたことが発覚

問題の発生

不良品の報告を
複数受ける

第4ステップ●Do

**解決のための
手段活用**

- 特定の製造機械の
交換要請を行う
- 作業員への再教育
プログラム策定
- リコール対応の指示

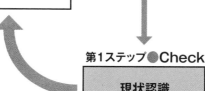

第1ステップ●Check

現状認識

A工場でつくられた部品だけに不良品が集中していることを認識

目標は一点に
絞らない方がいい

　人生においても、仕事においても、目標を持つことは大切なことです。しかし、目標は「持っているだけでは意味がない」ものでもあります。しょっちゅう「これを目標にする！」と目標を設定しても、そのことをいつしか忘れてしまったり、目標達成のための行動を取らなかったりしていると、当然、目標は達成できません。

　そして、目標が「絵に描いた餅」にならないようにと一念発起して、目標を紙に書いて部屋の壁に貼ってみたり、目標達成までの期日を決めたり、長期的な目標から逆算して中期的、短期的、そして一日のタスクにまで落とし込んでみたり、いろいろなことに手を出してみたという人も多いのではないでしょうか。

　しかし、そこまでやってみても、それでもなかなか目標は達成できません。

　なぜなら、ほとんどの人は「目標を一点に絞っているから」です。目標を一点に絞ることの何がいけないのか？　という声が聞こえてきそうです。確かに、私たちの能力、時間、資金などのリソースは有限ですから、それを一点集中で使った方が目標達成できる確率は上がるのではないかと考える人も多いでしょう。

　ところが、目標を一点に絞ることには大きなデメリットがあります。それは、「その目標が達成できなければ、自分は幸せになれない」という思

い込みに囚われやすくなるということです。

　例えば、職場で昇進に必要な資格試験の合格を目指そうとするとき、その資格を取れなかったら昇進はもうできないと思い詰めてしまい、実際に試験に不合格になったときに人生を悲観してしまう可能性があります。また、一点集中型の思考だと、「仕事がうまくいかないと家庭もうまくいかなくなる」というふうに、自分が目標に設定していることがうまくいかないと連鎖的にそれ以外のこともうまくいかなくなるのでは？　という不安に駆られやすくなります。

　仕事以外でも、何かを優先して、そこに一点集中しようとすると、それが得られなかったときに、何もかもうまくいかなくなってしまった、自分は幸せにはなれないんだと「燃え尽き」てしまいます。

　ですから、目標を持つことは大切ですが、たった一点の目標だけに絞り、それに向かって行動しようとすることには、リスクがあるということを理解しておく必要があります。

　それでは、目標を達成でき、かつ人生の幸せや豊かさを得るためには、どうしたらいいのでしょうか。答えは、「バランス」です。

　仕事、家庭、趣味、対人関係など、人生に関わる複数の分野においてバランス良く目標を設定して、少しずつでもいいので、それらの目標達成を実践していけばいいのです。

　このバランスよく目標を達成していくのに最適なのが、３×３の９マスから成るマンダラチャートを用いた目標達成法なのです。中心核に自分自身を置いて、その周りに次項で説明する「人生の８つの分野」を設定、その一つひとつに目標を書いて、バランスよく実践していく。

　そうすることで「仕事も家庭もうまくいく」という状態に近づいていけるのです。

人生を8分野で考える

　マンダラチャートは、目の前の問題を解決したり、短いスパン目標を達成するだけでなく、実は、私たちの人生の目標を叶えたり、人生そのものをさらに豊かに、さらに充実したものにするのに大きな役割を果たしてくれます。マンダラチャートは、ミクロ（小さな視点）もマクロ（大きな視点）も内包していますから、どんなサイズの目標や夢でも叶えてくれる素晴らしいツールなのです。それでは、マンダラチャートを使って、人生の目標を達成し、人生をより豊かなものにするにはどうしたらいいのでしょうか。まず、前項で説明したように人生を8つの分野に分けて考えてみましょう。A. 健康、B. 仕事、C. 経済、D. 家庭、E. 社会、F. 人格、G. 学習、H. 遊びの8分野です。これらを中心核の周りに書き込んでいきます。この中で、ちょっとわかりにくいのが「人格」と「社会」だと思います。

　人格という分野は、あなたが周りの人からどう思われているかを表す分野です。例えば、「寝坊をよくする」と思われているなら、それはあなたの人格上の問題ですから、それを改善できればもっとより良い人間関係が築けるかもしれません。そして、社会という分野は、会社、地域、学校関係、サークル、町内会などの「人付き合い・人脈づくり」を表す分野です。人生をこれら8つの分野に分けて考えることで、あなたが人生に求めていることが明確になり、どんな人生を送りたいのか、どんなふうに豊かになりたいのかというビジョンが見えてくるようになります。

人生を8つの分野に分けて考えてみる

F　人格	C　経済	G　学習
あなたの人格を向上・改善するための計画や目標を箇条書きにしてみましょう。今抱えている人格上の問題を書いてもいいでしょう。	あなたの経済面における目標や計画、例えば貯金や投資についてなどを箇条書きにしてみましょう。	仕事でもプライベートでもあなたが学習したいと思っていること、その目標や計画について箇条書きにしてみましょう。
B　仕事	**今年の目的・役割**	**D　家庭**
あなたの仕事における1年間の計画をここに箇条書きにしてみましょう。		あなたの家庭における理想や目標とする状態をここに箇条書きにしてみましょう。
E　社会	**A　健康**	**H　遊び**
仲間づくり、人脈づくりなど、人付き合い全般についての目標や計画を箇条書きにしてみましょう。	あなたの健康に関すること、目標や維持したい状態などを箇条書きにしてみましょう。	自分がプライベートで楽しみたい、時間を使いたいと思っていることを何でもいいので箇条書きにしてみましょう。

やりたいことを実現するために年間先行計画を導入する

　曼陀羅の機能のところでも説明した通り（P108〜113参照）、この世の中のすべてのものは「相互依存の法則」の中で成り立っています。相互依存の法則とは、すべてのものが他者（対象）との関わり合いにおいて、そのありようを変えるというものです。

　この相互依存の法則は、あなたという人間と、あなたの予定（計画）との関わり合いにおいても絶大な影響力を振るうことになります。どういうことかというと、予定や計画を立てるからこそ、あなたの心のありようが変わり、その予定や計画の実現に向けての行動指針を持つようになり、自らの主導権を発揮できるようになるということです。そして、その逆もまた然りなのです。何かを成し遂げたい、達成したいと思っているのなら、まずは予定や計画を立てることが大切で、それをしないでいると結局のところ、相互依存の法則によってあなたは何も実現することができないまま無為に時間を過ごしてしまうかもしれないということです。

　ここでは、マンダラチャートの考え方を取り入れた予定の立て方、計画の立て方についてご紹介します。

　まず、予定や計画というものは、入れ子式になっているということを頭に入れておく必要があります。つまり、最も大きな「人生計画」や「ビジネス計画」の中に、「年間の計画」があり、その中に「月間の計画」があって、その中に「週間・日間の計画」が存在しているのです。

　そして、重要なのは、予定や計画は「上から下に向かって決めていく」こと。人生計画を決めたら、それを年間計画に入れてしまい、それを実現するために月間計画、週間計画へと落とし込んでいくわけです。逆に言うと、そうしなければあなたの予定は目先のことしか意識できていない、その場その場の予定になってしまって、大きな目標を達成するための予定にすることはできないのです。

　それでは、実際にマンダラチャートの考え方に則って、予定を立ててみましょう。まず、あなたが人生において達成したい目標、こんな人生を送りたいという「人生計画」や、ビジネスにおいてこういうことを達成したいという「ビジネス計画」を思い描いてください。そして、それを実現するために１年間に絶対にしておかなければならない予定を考えましょう。

　この人生のために絶対にしておきたい年間の計画のことを「年間先行計画」と呼びます。先行という言葉がついているのは、先に予定を入れてしまうという意味です。

　年間先行計画は、必ずしも仕事のことしか入れてはいけないわけではありません。「毎年必ず海外旅行に行く」というのが、あなたの人生をより豊かにするビジョンなのであれば、そういったプライベートなことも年間先行計画に入れてしまいます。

　むしろ、年間先行計画という概念を導入しないと、私たちは「本当にやりたいこと」や「叶えたいこと」をいつまでもできずに時間を過ごしてしまうのです。まずは、予定に入れてしまうことで、私たちの脳は「それを実現するためにはどうしたらいいだろう？」と、実現に向けて活性化し、動き始めるのです。そして、年間先行計画を立てたら、それを実現するための「月間企画計画」を立ててください。予定を上から下に、だんだんと落とし込んでいくわけです。

スケジュールを優先させることで 後から心がついてくる

　人生計画やビジネス計画を年間先行計画に落とし込んだら、今度はそれを確実に実行するために「月間企画計画」を立てましょう。月間企画計画のスケジュールは、図のように左と右のエリアに分かれます。まず、左のエリアには年間先行計画であらかじめ決めた予定を書き込んでいきます。

　こうすることで、より大きな目標を叶えるための予定が、あなたのスケジュールに組み込まれます。問題は、それを確実に実現するための「企画」を立て実行することです。月間企画計画の右側エリアには、人生の８つの分野、マンダラチャートのA〜Hに相当する項目が並んでいます。この８つの項目には、あなたが立てた月間企画ごとに、それを実行する日にチェックマークを入れていきます。そして、チェックを入れた日の左のエリアに、日時とともに具体的な予定として書き込むわけです。

　月間企画の詳しい内容については、別紙に書いておきましょう。人生の８つの分野に関する企画だけでなく、前々月・前月から引き継いでいる企画やその月に重点的に取り組むべき企画について書くのもいいでしょう。

　そして、この作業はできるだけ、その月の初めに行ってしまう方がいいでしょう。なぜなら、相互依存の法則によって、初めに予定を決めてしまうことで、あなたの心がその予定を実現しようとするようになるからです。つまり、スケジュールを優先させてしまうことで、後からあなたの心がついてくる、というわけです。

スケジュールを先に決めてしまえば、あなたの脳は活性化する！

2月FEB.月間企画計画
Monthly Schedule スケジュール優先があなたを活性化する

月間重点企画　新企画

		・ 8 ・ 10 ・ 12 ・ 2 ・ 4 ・ 6 ・ 8 ・	A 会議	B 家庭	C 学習	D 健康	E 企画	F 訪問	G フォロー	H 遊び
1	木 先勝	読書　A社訪問			✓			✓	✓	
2	金 友引 ヨガ	B社→　　見積り			✓	✓		✓		
3	土 先負									
4	日 仏滅	ジム→		✓		✓				
5	月 大安 ヨガ 読書	定例会議　　資料まとめ	✓		✓	✓	✓			
6	火 赤口 〃	企画会議	✓		✓		✓			
7	水 先勝 ヨガ 〃	C社→　D社→			✓	✓		✓		
8	木 友引 〃				✓					
9	金 先負 ヨガ 〃	友人飲み会			✓	✓				✓
10	土 仏滅									
11	日 大安	旅行の準備								
12	月 赤口	定例会議	✓							
13	火 先勝			✓						
14	水 友引	沖縄旅行		✓						
15	木 先負			✓						

年間先行計画

↓

月間企画計画

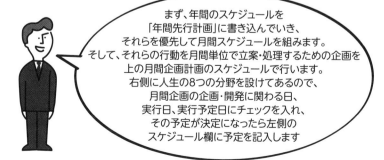

まず、年間のスケジュールを
「年間先行計画」に書き込んでいき、
それらを優先して月間スケジュールを組みます。
そして、それらの行動を月間単位で立案・処理するための企画を
上の月間企画計画のスケジュールで行います。
右側に人生の8つの分野を設けてあるので、
月間企画の企画・開発に関わる日、
実行日、実行予定日にチェックを入れ、
その予定が決定になったら左側の
スケジュール欄に予定を記入します

目標はマンダラ思考で
1週間単位に落とし込む

　さて、これまでマンダラ思考に基づいたスケジュールでは、一番大きな人生計画から年間先行計画を書き出し、そして、それを確実に実行するために月間企画計画に落とし込んできました。次に、あなたが作成するのは週間行動計画です。

　年間先行計画と月間企画計画は、いわゆるカレンダーのような書式でつくられていますが、週間行動計画はまさに３×３の９マスから成るＡ型マンダラチャートと同じ書式で書いていきます。図を見てください。

　中心核には「今週の目標・役割」を書いて、マンダラチャートとは違い、左上から日付を配置していきます。それぞれの周辺エリアには時間表示があり、その日の何時に何をするということを具体的に書けるようになっています。そして、右下のマス目には「今週の評価・感想・対策」という項目を設けることで、１週間の終わりに振り返りを行ったり、感想をまとめたりすることができます。

　中心には、常に上位のスケジュールと密接に関わっている「目標」があり、常にそれを意識しながら１週間を行動しながら過ごすことになります。これによって、脳が目標を常時意識するようになって、必要な情報や「ひらめき」が集まりやすくなるだけでなく、あなたの取る行動がさらに明確で具体的なものになります。また、予定も１週間単位でできることに細分化することで、挫折することなく継続できるでしょう。

1週間のマンダラチャートで実際の行動に移す

1月　週間行動計画
Activities This Week

結果記号	✔達成	→進行中	✗先送り

15 (月)Mon 先勝	**16** (火)Tue 友引	**17** (水)Wed 先負	**MEMO** (今週のひらめきコーナー) 情報・アイデア・ヒント
・ 8 ・ 10 ・ 12 ・ 2 ・ 4 ・ 6 ・ 8 ・	・ 8 ・ 10 ・ 12 ・ 2 ・ 4 ・ 6 ・ 8 ・	・ 8 ・ 10 ・ 12 ・ 2 ・ 4 ・ 6 ・ 8 ・	

18 (木)Thu 仏滅	●今週の目標・役割 Weekly Objective	結果	**19** (金)Fri 赤口
・ 8 ・ 10 ・ 12 ・ 2 ・ 4 ・ 6 ・ 8 ・	1. 2. 3. 4. 5. 6. 7. 8.		・ 8 ・ 10 ・ 12 ・ 2 ・ 4 ・ 6 ・ 8 ・

20 (土)Sat 先勝	**21** (日)Sun 友引	◆今週の評価・感想・対策 Review of Weekly Progress
・ 8 ・ 10 ・ 12 ・ 2 ・ 4 ・ 6 ・ 8 ・	・ 8 ・ 10 ・ 12 ・ 2 ・ 4 ・ 6 ・ 8 ・	

年間先行計画、
月間企画計画で構築してきた目標や計画を、
1週間単位のスケジュールに落とし込んで、
実際の行動に移しましょう！
目標は1週間単位なので、
ある程度余裕のあるスケジュールに
することができます

B型チャートを使って
人生のバランス度をチェックする

　人生は8つの分野に分けて考えた方がいいというお話をしましたが（P144参照）、人によって8つの分野のバランスは異なります。仕事にものすごく偏っている人もいれば、遊びに偏っている人、家庭に偏っている人など、バランスを欠いた生き方をしている人はたくさんいます。

　しかし、極度に偏った人生は、幸せで豊かな人生だといえるでしょうか？　仕事はものすごく充実しているけれど、健康を害していて、家庭では孤独。そういう人生が本当に幸せで豊かな人生だとは思えません。やはり、人間はある程度バランスの取れた人生を送る方が生きている喜びを感じやすいものです。

　そこで、B型チャートを使って、あなたの人生の「バランス度」をチェックすることをおすすめします。まずは、あなたの人生の8つの分野をB型チャートに書き込んでみましょう。そして、それぞれのエリアに4つ質問を書いて、自分自身に問いかけてみます。その質問は、以下の5段階で答えられるものにしましょう。①意識にもなく、まったく実行もしていない。②少しは意識しているが、実行はしていない。③意識していて、実行はこれからする予定。④意識していて、少しだけ実行している。⑤意識していて、きちんと実行もしている。

　これらの質問にすべて答えたら、20点満点で評価しましょう。すると、あなたの人生のバランス度がはっきりと見えてきます。

B型チャートで人生のバランス度をチェック!

F 人格 20点

6	3 座右の銘	7
	1-2-3-4-5	
2 尊敬する人	F 人格 20点	4 反省と改善
1-2-3-4-5		1-2-3-4-5
5	1 人格を磨く	8
	1-2-3-4-5	

C 経済 20点

6	3 短期計画	7
	1-2-3-4-5	
2 長期計画	C 経済 20点	4 夢・目標
1-2-3-4-5		1-2-3-4-5
5	1 現在の把握	8
	1-2-3-4-5	

G 学習 20点

6	3 スキルアップ	7
	1-2-3-4-5	
2 人生の質向上	G 学習 20点	4 ライフワーク
1-2-3-4-5		1-2-3-4-5
5	1 自己向上	8
	1-2-3-4-5	

B 仕事 20点

6	3 創意工夫	7
	1-2-3-4-5	
2 夢・目標	B 仕事 20点	4 100%の力
1-2-3-4-5		1-2-3-4-5
5	1 楽しむ	8
	1-2-3-4-5	

人生8大分野 自己評価

F 人格	C 経済	G 学習
B 仕事	人生8大分野 自己評価	D 家庭
E 社会	A 健康	H 遊び

D 家庭 20点

6	3 家族のために	7
	1-2-3-4-5	
2 家族と共に	D 家庭 20点	4 両親・兄弟
1-2-3-4-5		1-2-3-4-5
5	1 家庭	8
	1-2-3-4-5	

E 社会 20点

6	3 地域	7
	1-2-3-4-5	
2 人脈	E 社会 20点	4 組織
1-2-3-4-5		1-2-3-4-5
5	1 仲間	8
	1-2-3-4-5	

A 健康 20点

6	3 生活	7
	1-2-3-4-5	
2 検診	A 健康 20点	4 エクササイズ
1-2-3-4-5		1-2-3-4-5
5	1 治癒・治療	8
	1-2-3-4-5	

H 遊び 20点

6	3 美術	7
	1-2-3-4-5	
2 音楽	H 遊び 20点	4 その他
1-2-3-4-5		1-2-3-4-5
5	1 スポーツ	8
	1-2-3-4-5	

このように人生の8つの分野を割り振ったB型チャートを書いてみましょう。それぞれの分野に、4つの「質問」を書きます。自分の人生を豊かなものにするために、「意識しているか」「実行しているか」を問いかける質問です。そして、書き込んだらそれを5段階で答え、20点満点で評価してください。そうすると、あなたの人生のバランス度がはっきりとわかるようになるのです

人生のバランス度を
レーダーチャートで視覚化する

　これまで、真の意味で幸福かつ豊かな人生を送るためには、人生のバランスを取ることが重要だというお話をしてきました。人生のバランス度を測るためには、Ｂ型チャートを使って、人生の８つの分野の質問に答えていくのがいいということもお伝えしました。

　とはいえ、もっと簡単にバランス度をチェックする方法もあります。それは、Ｂ型チャートで人生の８つの分野を設定したら、各分野で自分が「したいこと」や実際に「実践していること」などを書き込んでいきましょう。すると、自然とエリアごとに書きやすい項目と、書きにくい項目に差が出てくるはずです。仕事の項目は書きやすいけど、健康のところには何も書くことがない……といった感じです。その差こそが、あなたの人生のバランス度でもあります。

　人生の８つの分野におけるバランス度のチェックは、できれば１年に１回はするようにしましょう。それをしないでいると、どんどん人生に偏りができてしまっても、そのことに気づかないままでいることになってしまうからです。バランス度をチェックしたら、P155の図のように「レーダーチャート」にしてみましょう。そうすると自分の人生のバランス度が視覚化されて、どの部分が足りないのか、どう偏っているのかがよくわかるようになります。ぜひ、人生のバランス度を自分の人生をより豊かで充実したものにするためのヒントとして活かしましょう。

人生のバランスをレーダーチャート化してみよう！

仕事に偏った人生

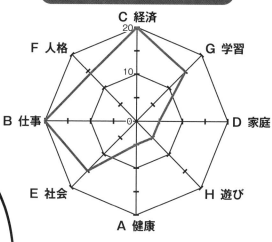

P152で勉強した
人生のバランス度は、
1年に一度は
チェックしてみましょう。
そうすることで、
今の自分に
何が足りないのか、
豊かな人生を
実現するために
どの分野に注力
すべきなのかが
はっきりと
見えてきます

プライベートに偏った人生

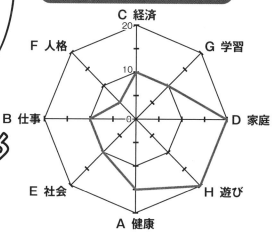

「緊急ではないが、重要なこと」が人生を豊かにするカギ

　あなたは、P157の図のような「時間管理マトリックス」を見たことがありますか？　これは、時間管理のための考え方の一つで、自分の行動を「緊急か緊急でないか」「重要か重要でないか」という2つの軸を組み合わせて4つの領域に分類したものです。

　多くの人は、第1分野の「緊急で重要」なことを優先的に片づけています。緊急で重要なのですから、それは当然と言えば当然です。しかし、ある人は緊急だが重要ではない第3分野のことに多くの時間を費やして、重要なことをなおざりにしてしまったり、緊急でも重要でもないことに関わりあって徒労感に襲われたりしています。

　ですから、自分がしようとしていることを、この時間管理マトリックスに則って分類しておくことで、第3分野や第4分野を優先しすぎないようにすることができるわけです。とはいえ、第1分野、つまり「緊急で重要」なことばかりしていれば、あなたの人生がより豊かなものになるかというと、そうではありません。実は、私たちの人生が豊かなものになるかどうかは第2分野「緊急ではないが重要」なことが左右しているのです。この分野に当てはまるのは、例えば「資格の勉強」や「趣味を極める」「家族との時間」などです。そういったことをまったくしないでいると、ただの仕事人間にしかなれませんし、精神的充実は得られず、人との差別化も図れなくなってしまいます。ぜひ、第2分野に目を向けましょう。

物事を緊急度と重要度で分類する

← 緊　　急

↑ 重　要

第1分野
緊急で重要
↓
燃え尽き現象

第2分野
緊急ではないが
重要
↓
豊かな人生

自分

第3分野
緊急だが
重要ではない
↓
振り回され現象

第4分野
緊急でも
重要でもない
↓
むなしい人生

> このように
> 物事を緊急度と重要度で4つに分類したとき、
> あなたの人生をより豊かなものにするためには、
> 「緊急ではないが重要」なことが何かを突き止め、
> それに時間と労力を費やすことが
> 必要になります

マンダラチャートで
人生百年計画を立てよう

　曼陀羅の理念を元にした思考法では、長期的な「人生計画」を立てることを重要視しています。なぜなら、未来の視点に立って現在を見ることで、今自分がやるべきことがはっきりと見えるようになり、自己実現へと歩を進めやすくなるからです。長期的な人生計画を立てて、そこから逆算して現在の自分が何をするべきかを明確にするという人生計画構築法は、これまでにもたくさん開発されてきました。しかし、そのほとんどが「時代」と「分野」という2つの軸だけで構成されたものでした。例えば、縦軸が生まれてから死ぬまでの時代区分になっており、横軸に人生の各分野が割り当てられていて、その分野がどれだけ自分の想定したゴールに近づいているかを把握するといった具合です。ところが、このような構造の人生計画構築法では、各分野の「有機的」なつながりや関係性がよくわかりませんし、シンプルすぎて、現在の自分が具体的に何をすればいいかまでは見えづらくなります。

　そこで、マンダラチャートでは独自の「人生百年計画」の構築法が開発されました。3×3の9マスを使い、中心には「自分自身」を置いて周りのエリアにそれぞれの年代の目標や業績を書き込んでいくというコンセプトの構築法は、それぞれの年代が有機的に関わり合うことによって「各年代同士の関係性」「人生の目的がどう変化してきたか」「変わらないものは何か」「現在するべきことは何か」が明確になり、同時に脳が活性化する

ため「過去・現在・未来」のビジョンがより鮮明に見え始めるようになるのです。

　それでは、さっそくB型チャートを使って、人生百年計画を立ててみましょう。まず、中心核の真ん中には自分の名前と生年月日を書きましょう。そして、Aエリアに「幼少期から10代（0〜19歳）」、Bエリアに「20代（20〜29歳）」、Cエリアに「30代（30〜39歳）」、Dエリアに「40代（40〜49歳）」、Eエリアに「50代（50〜59歳）」、Fエリアに「60代（60〜69歳）」、Gエリアに「70代（70〜79歳）」、Hエリアに「100歳（80〜100歳）」と割り当てていきましょう。そして、それらを中心核の周りにブランチとして配置したら、各エリアに人生の8分野を割り当てていきます。1.　健康、2.　仕事、3.　経済、4.　家庭、5.　社会、6.　人格、7.　学習、8.　遊びです。書き終わったら、過去と現在のところには、「実際にあったこと」を記入します。

　そして、未来のところには「自分がどうありたいか」を書いていきましょう。そして、100歳になったときの未来の自分を思い描き、そこから逆算して今の自分がどうあるべきか、何をするべきかを考えてみるのです。

　また、この計画表をつくる上で、あなたの「過去」の出来事への解釈が、あなたの未来を形づくるということを理解することが重要です。現在のあなたが成功していれば、過去のネガティブな出来事も「そのことがあったから今の成功がある」と肯定的に捉えることができます。過去が持っている意味は、現在の自分によっていくらでも変えられるということです。そして、過去をどう捉えるかが現在ひいては未来の自分に影響を与えるのです。ですから、過去のエリアに書いたことをよく見て、それに対してどんな解釈を与えるかについて考えてみましょう。それが、あなたの人生百年計画をより素晴らしいものに変えてくれるかもしれません。

人生を豊かにする
マンダラ手帳

　さて、これまでご紹介してきたマンダラ思考に基づいたスケジュール管理術をやってみたい！　と思った方もおられると思います。

　実は、このスケジュール管理術を実行するための「マンダラ手帳」というものが存在しているのです。

　マンダラチャートの開発者である故・松村寧雄先生の株式会社クローバ経営研究所が、毎年販売しています（クローバ経営研究所の自社ショップから購入可能です）。

　マンダラ手帳は、単なるスケジュール管理にとどまらない、仕事と人生を同時・多方向的に豊かにしていくパワーを秘めた手帳です。3つのサイズが用意されており、いずれも3×3の9マスで成るマンダラチャートのフォーマットが手帳に落とし込まれています。

　これまでに紹介してきた人生計画、人生の8分野、年間先行計画、月間企画計画、週間行動計画のページが用意されており、これまでにご紹介したスケジュール管理術を、そのまますぐに実践できるのです。そして、さらにオプションとして週間行動計画のさらに下位スケジュールである「日間実践計画」というデイリーチャートや、自由に9マスを設定できるフリー型のマンダラチャート帳、卓上型のマンダラチャート（A型、B型）なども販売されています。

　普通の手帳やスマホ、タブレットなどでのスケジュール管理もとても便

マンダラ手帳の使い方

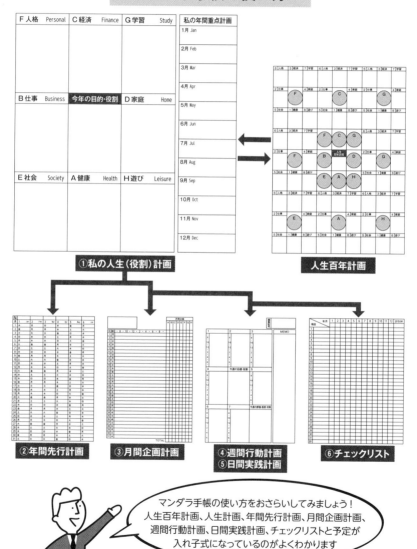

①私の人生（役割）計画　　　　人生百年計画

②年間先行計画　③月間企画計画　④週間行動計画　⑤日間実践計画　⑥チェックリスト

マンダラ手帳の使い方をおさらいしてみましょう！
人生百年計画、人生計画、年間先行計画、月間企画計画、
週間行動計画、日間実践計画、チェックリストと予定が
入れ子式になっているのがよくわかります

利だと思いますが、マンダラ思考に基づいた人生8大分野のバランスを取ることのできる手帳はマンダラ手帳だけですので、他の手帳と並行して使っている方も多くいらっしゃいます。

　それでは、マンダラ手帳を使ってのスケジュール管理の仕方をここでおさらいしておきましょう。

　マンダラ手帳を使い始めるときは、まず、「私の人生（役割）計画」というページで「人生8大分野」を書いていきましょう。それを踏まえた上で、「年間先行計画」でまず1年間の予定を立てます。未来にしたいことをあらかじめ全部スケジュールに入れてしまいましょう。そうしたら、それを確実に実行するために「月間企画計画」のページで月間に取り組む課題や準備をスケジュールに落とし込んでいきます。そうしたら「週間行動計画」や「日間実践計画」を使って週単位・1日単位でやることを書いていきます。こういった入れ子構造になっているスケジュール帳を使って、「未来のあるべき姿」から逆算して「今何をするべきか」を導き出すのがマンダラ手帳なのです。

　また、マンダラ手帳には「振り返り」ポイントが随所に設けられており、月間企画計画では一日ごとに人生の8大分野についての振り返りができ、週間行動計画の最後のマス目には、その週の評価や感想を書き込むことができます。また、「チェックリスト」というページも用意されていて、自分の計画や行動を検証して次に活かすことができます。マンダラ手帳はまさにワークライフバランスを取るのに最適なツールなのです。

　思い切って手帳をマンダラ思考に基づいたマンダラ手帳に変えてみると、それだけでマンダラ思考のエッセンスが、自分のスケジュール、計画、行動に影響を与えてくれるようになり、あなたの目標達成力と課題解決力が飛躍的に向上するかもしれません。

答えるだけで
人生とビジネスが豊かになる！
魔法の質問マンダラチャート

答えるだけで魔法にかかったように変化がある「魔法の質問」。この魔法の質問とマンダラチャートを組み合わせたのが「魔法の質問マンダラチャート」です。魔法の質問が持つ不思議なパワーが加わることでマンダラチャートの効果が飛躍的に上がります。

マンダラチャートと魔法の質問が合体してパワーアップ

　ぼくがマンダラチャートと出会ったのは今から 20 年ほど前のことでした。当時、お世話になっていた方からのご縁で、マンダラチャートの開発者である松村寧雄先生と知り合い、勉強会に参加させていただくこととなったのです。

　これが、まさに人生を変える出会いとなりました。マンダラチャートと出会うまでのぼくは、「魔法の質問」というメソッドを提唱していました。魔法の質問とは、自分自身に質問を投げかけることで、まるで魔法にかかったように自分の考え方に変化が生まれたり、行動できたりするというメソッドでした。

　ぼくは「質問」によって皆さんが人生を変えていくのをお手伝いする質問のプロ、質問家として活動していたのですが、それでも「アイデアに詰まる」「出すぎたアイデアをまとめづらい」といった悩みを抱えていました。しかし、松村先生から教わったマンダラチャートは、その 2 つの悩みを一挙に解決してくれたのです。マンダラチャートと向き合っていると、ビジネスのアイデアがどんどん湧き出てきて、やるべきことが整理され、しかも、やりたいことまで見つかり始めたのです。

　「このツールは素晴らしい！」と大感激し、友人たちにもマンダラチャートを配り、プレゼンしてすすめまくったのですが、意外なことに誰一人ちゃんと使ってくれなかったのです。どうして使ってくれないのかと聞いてみ

ると、こんな答えが返ってきました。

　「空白の９マスがあっても、何を書いたらいいかよくわからない」。ほとんどの友人たちが、マス目に何を書いたらいいかわからず、途方に暮れていたのです。ぼくは、その答えに衝撃を受けました。ぼくはマンダラチャートと向き合うとどんどん言葉が出てくるのに、彼らは出てこない。その違いは何だろう？　と真剣に考えた結果、答えが見つかりました。

　ぼくはマンダラチャートを書くとき、常に自問自答しながら書いていたのです。そのとき、ぼくの頭にあるアイデアがひらめきました。それは、マンダラチャートと、ぼくが提唱していた「魔法の質問」を合体させたらいいのではないか？　ということでした。マンダラチャートの９マスに、それぞれあらかじめ魔法の質問が書いてあれば、ぼくが自然とやっていたように「自問自答する」ことになるので、すんなり書き込めるようになるのではないか？　と考えたのです。

　こうして「魔法の質問マンダラチャート」が誕生することになりました。魔法の質問マンダラチャートでは、多くの人が答えるといいであろうテーマを決め、そのテーマに基づいて８個の質問を用意し、その質問に答えていくだけで、自然と９マスが埋まっていくようになっています。このとき、大切なのは「質問を答える順番」です。どんな順番で答えれば、より大きな効果を引き出せるかを研究し、分野ごとにいくつもの魔法の質問マンダラチャートを開発したのです。それが、この本の付録ノートに収録されている魔法の質問マンダラチャートです。

　ぼくは、魔法の質問とマンダラチャートが組み合わさることで、マンダラチャートの素晴らしい力を、誰もが簡単に引き出すことができるようになったと考えています。この魔法の質問は、マンダラチャートをつくる上での「コーチ」のような存在です。ぜひ、活用してみてください。

そもそも魔法の質問とは？

　そもそもぼくがマンダラチャートと合体させた「魔法の質問」とはどんなものなのかをご存じない方もいらっしゃるでしょうから、魔法の質問について説明したいと思います。

　ぼくは、大学卒業後すぐに起業したのですが、その頃には自分が未熟だったためか、事業がうまくいかなくなってしまい、社長としてはクビになってしまいました。魔法の質問を思いついたのは、自分が挫折を味わった後のことでした。

　この先どうしたらいいのか……と途方に暮れていたぼくは、自分自身に「何がしたい？（What?）」と問いかけてみたのです。そして、その後で「本当にやりたいの？（Are you sure?）」と問いかけたのですが、自分の中からは後ろ向きな答えしか出てきませんでした。それでも「なぜ？（Why?）」と問いかけ、1番目と2番目の質問を繰り返し自分に問いかけていくうちに、だんだんとやりたいことが見えてきたのです。

　そして、「それで？（What do you want?）」と問いかけてみると、その目標を達成した後の自分自身や、自分の本当にしたいことが明確になり、最後に「どのようにすれば？（How?）」と問いかけることで、自分がやるべきことが具体的に見え始めるという経験をしたのでした。この経験から「質問することが人を変える」ということに気づいたぼくは、このメソッドを「魔法の質問」として世の中に広めるべく活動を開始したのです。

魔法の質問メソッドとは?

第1の質問

何を?
(What?)

この質問によって、
目の前の問題解決や目標実現に向けて、
自分がこれから取り組もうとしていることを
「明確」にします。

第2の質問

本当に?
(Are you sure?)

本当にそれを解決(実現)したいのかと問いかけます。
この質問に対して答えが「YES」なら
次の質問に進みますが、
そうでない場合は「なぜ?(Why?)」と問いかけ、
答えが出たら第1の質問に戻り、
YESが出るまで問いかけ続けます。

第3の質問

それで?
(What do you want?)

目的が達成されたら、問題が解決されたら、
「どうしたいのか」「どんなふうに変わるのか」を
問いかけます。

第4の質問

どのようにすれば?
(How?)

最後にこの問いを投げかけることによって、
具体的な行動を思い描くことができるようになり、
問題解決、目標達成へのスピードがアップします。

魔法の質問マンダラチャートの使い方

　さて、それでは魔法の質問マンダラチャートの使い方について説明していきたいと思います。

　付録ノートにそれぞれのジャンルごとに24の魔法の質問マンダラチャートの雛形を用意しましたので、そちらを見ながら読んでいただければと思います。

　魔法の質問マンダラチャートはＡ型チャートです。中心核にはテーマが書かれていて、Ａ〜Ｈの8つのマスにあらかじめ魔法の質問が用意されています。1番目の「ビジョンを明確にする」を例に取って説明しましょう。

　Ａには「10年後どんな姿になっていますか？」、Ｂには「世の中にどう役立っていますか？」、Ｃには「あなた（会社）のキャッチフレーズは何ですか？」、Ｄには「あなた（会社）の合言葉（キーワード）は何ですか？」、Ｅには「スタッフに共通していることは何ですか？」、Ｆには「あなたの会社がなくなると誰がどんなふうに困りますか？」、Ｇには「ビジョンを持ち続けるためにできることは何ですか？」、Ｈには「あなた（会社）は100年後にはどんな姿になっていますか？」という質問が書かれています。

　まず、質問の答え方ですが、最もおすすめなのがＡ〜Ｈまで順番に答えていく方法です。なぜなら、この順番が最も大きな効果を上げられる順番だからです。

「10年後どうなっているか」を考える前に「100年後どうなっているか」を考えるのは、ダメではありませんが、あまり効果的ではありません。どうしても順番に答えたくないという人は、A〜Hまでのマス目の中でこれが答えたい！　と思ったマスから答えてもかまいません。

　また、文章で答えが思い浮かばない場合もあると思います。そういう場合は、単語だけを書くとか、絵を描くとか、記号を書いても問題ありません。

　大事なのは、「書く」ことよりも、その質問を受け止めて「考えてみる」ということだからです。

　ですから、まずは気楽にやってみましょう。8つのマスの魔法の質問すべてに答えたら、最後に中心核のテーマのところに、自分が気づいたことを書いていきましょう。

　魔法の質問に答えることで、中心核の答えを出すためのヒントがかなり出てくるはずですので、チャートを書き始める前には気づかなかったことに気づくようになっていると思います。最後に、魔法の質問マンダラチャートを通してわかった「具体的な行動」とその期日、計画を手帳やメモ帳に書き込みましょう。

　また、この魔法の質問マンダラチャートは、自分一人で使うことももちろんできますが、複数の人のグループで取り組むのもかなり効果的です。職場の仲間などと同じマンダラチャートを使って、全員で魔法の質問に答えてマスを埋めていき、その結果を話し合ってみましょう。

　すると、自分からは絶対に出てこないような答えが他の人から出てきたり、自分のアイデアと他の人のアイデアとが化学反応を起こしたりするので、グループ全体がビジョンを明確にすることができ、生産性の向上にもつながるのです。ぜひ、グループでも活用してみてください。

効果を出すための3つのルール

　さて、これから魔法の質問マンダラチャートに取りかかる前に、ぜひ知っておいていただきたい「3つのルール」があります。その3つのルールとは、①答えはすべて正解、②答えが出なくても正解、③答えはすべて受け止める、です。

　1つ目の「答えはすべて正解」。答えというものは、「これが絶対に正しい！」という答えはありません。一見、間違ったことを言ってしまっているように思えても、それがあなたの素直な心から出た答えならば、正解なのです。

　そして、2番目の「答えが出なくても正解」。答えを出さないといけないんじゃないか？　と思うかもしれませんが、答えが出ないことも一つの答えなのです。つまり、その問いに対して答えが出てこない自分に気づくことができたのですから、それでいいのです。人間の脳は、一度質問されると、その問いに対する答えを無意識に探し続けるので、答えが今すぐ出なくても1年後くらいにふと出ることもあります。気長に待ちましょう。

　3番目の「答えはすべて受け止める」。自分が出した答えが、自分で受け入れられないこともあります。「それが自分の本音だったの？」と驚いてしまうのです。それでも、そういう答えを否定せずに、いったん受け入れてみましょう。すると、これまで気づかなかったさまざまなことに気づくようになるかもしれません。

魔法の質問の3つのルールとは？

ルール①
**答えは
すべて正解**

答えは人それぞれですし、立場が変われば答えも変わりますから、どんな答えでも正解なんだと思い、リラックスすることが大切です。

ルール②
**答えが出なく
ても正解**

魔法の質問だからといって、あまりにも気負いすぎて無理やり答えを出そうとする必要はありません。焦らず、じっくりと考えているうちに自然と答えが出るのを待ちます。

ルール③
**答えはすべて
受け止める**

自分が出した答えを、自分自身が受け止められない、認められないときがあるかもしれませんが、どんな答えも広い心で受け止めるようにしましょう。

この3つのルールを守ることで、魔法の質問に取り組みやすくなるはずです！

おわりに

　本書を最後までお読みいただき、誠にありがとうございます。監修の松村剛志です。

　マンダラチャートは、経営コンサルタントをしていた私の父である松村寧雄によって1979年に開発されました。このマンダラチャートのフレームワークは、さまざまなメディアで取り上げられ、「日本の新しい発想法」として一躍有名になりました。

　私は父の遺志を継ぎ、現在、株式会社クローバ研究所の代表取締役として、マンダラチャートやマンダラ手帳を活用したコンサルティング事業を行っております。
　これまでたくさんの企業や個人の方にマンダラチャートを実践していただきました。そして、マンダラチャートを実践した多くの方々が、人生やビジネスにおいて大きな成果を収める瞬間を何度も見ることができました。

　マンダラチャートが目標達成のフレームワークとして、そのすごさを世間に広めたのは、本書でも紹介した大谷翔平選手の存在が大きいと言えるでしょう。大谷翔平選手が高校時代につくった「目標達成シート」の原型は紛れもなくマンダラチャートであり、2023年のWBCでの活躍やメ

ジャーリーグでの活躍は、9マス思考の威力が改めて証明された瞬間でした。

　もちろん、大谷選手の活躍は本人のストイックな努力があってこそですが、目標を達成したり、モチベーションを維持するために、「目標達成シート」が果たした役割は少なくなかったでしょう。

　本書を最後までお読みいただいたあなたはお気づきかと思いますが、マンダラチャートの活用範囲は目標達成に限った話ではありません。報告資料の作成やスピーチの原稿作成、買い物のショッピングリスト、食事のレシピ、旅日記などあらゆるところで9マス思考は活用されています。

　マンダラチャートに慣れるために、まずは、本書の付録「魔法の質問マンダラチャート」から取り組んでもいいですし、本書で紹介した「人生の8分野」をマンダラチャートで整理してみるのもおすすめです。

　ぜひ、本書を通じて、マンダラチャートの使い方を学び、あなたのビジネスや人生、日常に役立てていただけたら幸いです。あなたの目標が達成され、人生がより豊かになるように願っています。

松村　剛志

本書の事例集では、
たくさんの方にご協力を頂きました。
この場をお借りして
心より感謝を申し上げます。

マツダミヒロ・松村剛志

※事例の掲載は順不同です。

▶ 参考文献

『仕事も人生もうまくいく！【図解】9マス思考マンダラチャート』
松村剛志／青春出版社

『マンダラ思考で夢は必ずかなう！「9マス発想」で計画するマンダラ手帳術』
松村寧雄／フォレスト出版

『マンダラ手帳とマンダラ思考　人生とビジネスを豊かにするマンダラチャート』
松村寧雄／クローバ研究所

『【図解】9マス思考であらゆる問題を解決する！　マンダラチャート』
松村寧雄／青春出版社

『しつもん仕事術』マツダミヒロ／日経BP社

『質問で人生は変わる　魔法の質問マンダラチャート®』マツダミヒロ／クローバ研究所

『理想の自分、自分の強みを見つけて生まれ変わる！　魔法の質問見るだけノート』
マツダミヒロ／宝島社

『質問は人生を変える』マツダミヒロ／きずな出版

『マンダラチャート認定講師セミナーテキスト』マンダラチャート協会

『サンクスUP！　働くをゲーム化する人事評価システム』松山将三郎／牧野出版

『智慧を実践した「知恵の和」　マンダラチャート事例集』マンダラチャート学会

▶ STAFF

編集協力	渡邉亨（株式会社ファミリーマガジン）
執筆協力	苅部祐彦
本文イラスト	熊アート
カバーデザイン	小口翔平＋後藤司（tobufune）
本文デザイン・DTP	松原卓（ドットテトラ）

著者 **マツダミヒロ**

質問家兼ライフトラベラー。時間と場所にとらわれないビジネススタイルで世界を旅しながら、各国で「自分らしく生きる」講演・セミナー活動を行う。カウンセリングやコーチングの理論をベースに、自分自身と人に問いかけるプロセスを集約し、独自のメソッドを開発。質問に答えるだけで魔法にかかったようにやる気と能力が引き出され、行動が起こせるようになることから、『魔法の質問』と名づける。メルマガの読者は16万人を超え、夫婦で行っているラジオ番組「ライフトラベラーカフェ」（Podcast）は、アップルのベスト番組に選ばれ、30万人を超えるリスナーがいる。『朝1分間、30の習慣。ゆううつでムダな時間が減り、しあわせな時間が増えるコツ』（すばる舎）、『理想の自分、自分の強みを見つけて生まれ変わる！魔法の質問見るだけノート』（宝島社）など著書は国内外で40冊を超える。

監修 **松村剛志**（まつむら たけし）

1971年、東京都生まれ。クローバ経営研究所代表取締役。一般社団法人マンダラチャート協会代表理事。経営コンサルタントである松村寧雄が開発した「マンダラチャート」「マンダラ手帳」の普及と啓蒙のため、手帳活用セミナー、人生計画セミナー、認定コーチセミナーを主催。ビジネスにマンダラチャートを取り入れた経営コンサルタントとしても活躍している。著書に『仕事も人生もうまくいく！【図解】9マス思考マンダラチャート』（青春出版社）がある。

日本人メジャーリーガーが目標達成した！
夢を叶えるマンダラチャート

2023年6月30日　第1刷発行

著　者　マツダミヒロ
監　修　松村剛志

発行人　蓮見清一
発行所　株式会社 宝島社
　　　　〒102-8388
　　　　東京都千代田区一番町25番地
　　　　電話　営業:03-3234-4621
　　　　　　　編集:03-3239-0928
　　　　https://tkj.jp

印刷・製本　サンケイ総合印刷株式会社

本書の無断転載・複製を禁じます。
乱丁・落丁本はお取り替えいたします。
©Mihiro Matsuda 2023
Printed in Japan
ISBN978-4-299-04362-7

魔法の質問
マンダラチャート
書き込みノート

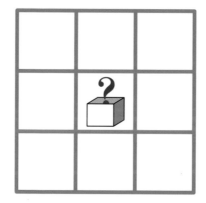

DATE

NAME

INDEX

F	あなたの会社がなくなると 誰がどんなふうに困りますか?	C	あなた(会社)の キャッチフレーズは何ですか?

B	世の中にどう役立っていますか?	**テーマ**	
		ビジョンを明確にする	

E	スタッフに共通していることは 何ですか?	A	10年後 どんな姿になっていますか?

G	ビジョンを持ち続けるために できることは何ですか？

No.	1
Category.	ビジネス
Date.	． ．

D	あなた（会社）の合言葉 （キーワード）は何ですか？

ワンポイントアドバイス

ビジョンとは、「未来にどうなっていたいか」という想像であり、宣言のこと。当たり前だけど、ビジョンがないとビジョンを実現できない。

だから、会社や自分の人生について、「あんなふうになりたいな」「こんなふうになりたいな」って考えて、まずはゴールをつくってみよう。

ビジョンをつくることが何をするにも第一歩になる。

でも、わかりにくいビジョン、伝わりにくいビジョンは、存在していないのと同じ。

だから、ビジョンをつくるときは、自分が描いたものをいかに明確でわかりやすくするかを意識しよう。

そして、ビジョンをつくる過程では、途中でもいいから、ビジョンを周りに伝えてほしい。

伝えるたびに、実感としてどんどんしっくりきたり、どんどん違和感を抱いたり、自分の中の反応が見えてくるはず。

まずは、左の8つの質問に答えて、全体を振り返ったときに「これが自分のビジョンだ！」と思えるものを中央のテーマのところに書いてみてください。

H	あなた（会社）は100年後には どんな姿になっていますか？

F 決断を邪魔しているものは何ですか？	C スタッフの役割は何ですか？

B あなたの役割は何ですか？	**テーマ**
	ミッションを実践する

E 行動を邪魔しているものは何ですか？	A 未来を創るために何ができますか？

G	前進するために 必要なものは何ですか？

....

D	あなたの会社は なぜ存在しているのですか？

....

H	ミッションを実践するために 今日、何ができますか？

....

No.	2
Category.	ビジネス
Date.	． ．

ワンポイントアドバイス

「思うことが大事」ってよく言われるけど、「いつかお金持ちになりたいな」って思っているだけの人が意外と多い。そして、思っているだけだと、残念ながら何も起こらない。

だから、思ったら、すぐに行動する。それがミッションを実践するということ。

このミッションとは、「使命」や「やるべきこと」のこと。例えば、会社なら、ただ単に利益を追求するだけじゃなくて、ビジョンを実現するために存在意義がある。

まずは、未来に視点を置きつつ、今日できることを考えてみる。

次にゴールに近づくために自分ができること、周りの人ができることを考えてみよう。

きっと自分にしかできないこと（役割）が価値になる。

左の8つの質問は、自分が描いたビジョンに向かって進む原動力になるはず。

一つひとつの質問に向き合って、未来のために今日できることは何か、自分がやるべきことは何かを言語化しよう。

F	解決を手伝ってくれる メンバーは誰ですか?	C	その問題を抱えたままでは、 なぜだめなのですか?

B	なぜそれが問題なのですか?	**テーマ**	
		課題を解決する	

E	どのようにすれば、 解決へ向かいますか?	A	問題になっていることは 何ですか?

G	どんな行動を起こしますか？

....

D	どんな状態を望みますか？

....

H	再発しないために、 何を意識しますか？

....

No.	3
Category.	ビジネス
Date.	．　　　　．

ワンポイントアドバイス

　課題と問題をつくるのは誰？　答えは、自分。課題や問題、悩みは自分の中でつくられる。例えば、雨が降って、「雨は嫌だな」と思うのはあなた自身。だって、農家の人にとっては恵みの雨かもしれないから、雨が悪いわけではない。

　逆を言えば、捉え方を変えれば、問題にもなればチャンスにもなる。チャンスと思えばチャンスなのだから。

　大事なのは、「なぜそれを問題としているのか？」その原因を探ってみること。そうすると、解決方法がわかってくる。

　だから、「問題になっていることは何ですか？」という質問で、まずは問題を明確にしよう。

　そして、「なぜそれが問題なのですか？」という質問で自分の中で問題となっている元の原因は何なのか？　を探ってみよう。

　左の質問に全部答えると、これまで「なんとなく」と思っていた問題が具体的かつ明確になってくる。そして、行動の基準も変わってくる。サクッと問題を解決して次のステップに進みませんか？

F お客様がお金を払ってでも解決したいことは何ですか?		**C** お客様の家族構成は?	

F お客様がお金を払ってでも
解決したいことは何ですか?

C お客様の家族構成は?

B お客様の趣味は何ですか?

テーマ

お客様は誰

E お客様はどんなものから
情報を得ていますか?

A お客様はどんな方ですか?

G	お客様が気になるキーワードは何ですか？

....

D	お客様は休みの日には何をしていますか？

....

H	お客様は買うときに、何を元に決断していますか？

....

No.	4
Category.	ビジネス
Date.	．　　　．

ワンポイントアドバイス

　当たり前だけど、売れないと商売にならない。だから、いかにお客様が多くいるか、ということがビジネスをしていると気になるところの一つ。

　多くの人がとにかくたくさんの人に売りたいと思うけど、実は大勢の人に伝えようとすると、誰にも伝わらないという事態に直面する。

　だから、まずは1人とか1社を具体的にイメージして発信することが大切。むしろ、その方が結果的に多くの人に伝わりやすい。

　最初の「お客様はどんな方ですか？」という質問で、一番売りたいお客様を想像しよう。

　次に「お客様の趣味は何ですか？」「お客様の家族構成は？」「お客様は休みの日には何をしていますか？」といった質問で、お客様のことをより明確にしていく。

　そのお客様の周りには、あなたのお客様になってくれる人がいっぱいいるはず。

　8つの質問に答えると、お客様が明確になって、お客様が困っていること、お客様の決断ポイントがわかる。あなたのお客様はどんな人ですか？

F　長所を伸ばすために 　　どんなことができますか？	C　一言で言うと、どんなサービスを 　　提供していますか？
....	....

B　他社の方が優れているところは 　　どこですか？	**テーマ**
....	**独自の売りを見つける**
	....

E　あなた（の会社）の 　　キャッチフレーズは何ですか？	A　他社より優れているところは 　　どこですか？
....	....

G	どんなサービス（商品）をさらに プラスすれば喜ばれますか？

....

D	お客様はなぜ、あなたの 会社を選んでいますか？

....

H	どんなときに お客様は喜んでくれましたか？

....

No.	5
Category.	ビジネス
Date.	．　　　．

ワンポイントアドバイス

　あなたにも必ずいいところはあって、そのいいところを活かすことによって「あなたらしさ」が生まれてくる。ビジネスであれば、それが商品の付加価値になる。その付加価値を磨くことによって、あなたはより選ばれる人になる。

　最初の質問は、「他社より優れているところはどこですか？」。この質問をするときに気をつけてほしいのは、上を見たらキリがないということ。周りを見渡したら、あなたより経験数が少ない人が想像以上にいっぱいいることを覚えておいてほしい。視点を変えるだけで、実はできていることがいっぱいある。

　次の質問は、「他社の方が優れているところはどこですか？」。この質問で見つかった他社の優れているところはやらなくていい。だって負けちゃうから。この2つの質問を通じて、他社がやっていなくてあなたが得意なことを見つけよう。

　8つの質問に答えると、あなたの独自の売りが必ず見つかる。あなたにしか、あなたの会社にしかできないことは何だろう？

F お客様にどのように 商品を知ってもらいますか？	C それを解決する商品は 何ですか？
....	....

B お客様の困っていることは 何ですか？	テーマ
	売上を創造する
....	....

E その対策は何がありますか？	A いつまでにどのくらい売上を つくりたいですか？
....	....

G	なぜその値段で 売っているのですか？

D	お客様が買わない理由は 何ですか？

H	なぜ、あなたから買わなければ いけないのですか？

No.	6
Category.	ビジネス
Date.	． ．

ワンポイントアドバイス

　売上はお客様からの感謝の大きさ。だから、「いかに売るか？」じゃなくて「いかに感謝してもらえるか？」って考えるのが大事。

　まずはお客様の立場に立って、とことん考えてみよう。その意識で商品やサービスをつくっていけば、お客様に感謝されるし、売上も伸びていくはず。

　最初の質問は、「いつまでにどのくらい売上をつくりたいですか？」。まずは目標をつくるところから始めよう。"いつまでに"は、10年後、5年後、3年後、1年後、半年後ぐらいで設定するのが理想。

　次の質問は、「お客様の困っていることは何ですか？」。この質問でお客様の困っていることが出てきたら、「それを解決する商品は何ですか？」という質問を投げかけてみよう。ここで「ない」という答えが出てきたら、お客様（ターゲット）が間違っている証拠。もう一度、「お客様は誰」の項目をやり直そう。

　8つの質問に答えると、売上を創造するヒントが見えてくる。あなたはどうやって売上をつくりますか？

F	どんなことを褒めたいですか？	C	その原因は何ですか？

B	どんなときに やる気をなくしていますか？	**テーマ**	
		スタッフのやる気を引き出す	

E	どんなことを認めてあげること ができますか？	A	どんなときにスタッフの笑顔が 見られますか？

G	スタッフから学べることは何ですか？

No.	7
Category.	ビジネス
Date.	． ．

D	あなたの上司がどんな上司であればやる気を出しますか？

H	あなたが変われるところはどこですか？

「もっとやる気を出してほしい！」そう思うのは当然の意識。でも、相手に変わってもらうのはとても難しい。だから、自分が変わってしまうことが早道。「相手がやる気が出ないのは自分の接し方に問題があるからだ」そう考えると、物事は一気に好転する。

「今までと違ってどんな言い方をしよう？」そんなちょっとしたあなたの意識の変化が相手の意識の変化につながっていく。

まずは、「どんなときにスタッフの笑顔が見られますか？」「どんなときにやる気をなくしていますか？」「その原因は何ですか？」という質問を投げかけて、スタッフのことを観察してみよう。

次に視点を変えて、「あなたの上司がどんな上司であればやる気を出しますか？」という質問を自分にしてみよう。

ここで出てきたことをあなたの普段の行動と結びつけると、いろいろな気づきがあるはず。

8つの質問に順番に答えていくと、スタッフのいいところも見えてくるし、あなたが変わるべきところも見えてくる。まずは何からやってみたいだろうか？

F 会議のゴールは何ですか？	C 参加したくなる要素は 何ですか？

B どんな空間だと、 リラックスできますか？	**テーマ** 最高の会議にする

E 会議のルールは何ですか？	A 会議に映画のようなタイトルを つけるとしたら何ですか？

G	発言をしてもらうために、どんな工夫ができますか？

....

D	どんな気持ちで参加してほしいですか？

....

H	決まったことを、誰がいつまでに実行しますか？

....

No.	8
Category.	ビジネス
Date.	． ．

ワンポイントアドバイス

　例えば、船で海に旅行するときに、目的地がわかっていても、地図とコンパスなしには航海できないのと一緒で、会議でもそんなイメージを持つといい。

　いろいろな会社を見ていると、地図とコンパスを持たないまま、彷徨った会議をしている会社が多い。でも、必要な道具と心がけがないと目的地にはたどり着けない。

　そもそも会議と聞くと「嫌だな」と思う人が多いけど、その考え方を変えていかないと、いい会議はできない。そして、いい会議ができないと、いい組織やプロジェクトは生まれにくい。

　1つ目の質問は、「会議に映画のようなタイトルをつけるとしたら何ですか？」。

　つまらないタイトルだと参加するのに気が重くなるけど、面白いタイトルなら思わず参加したくなるもの。

　自らが参加したくなった方が効率的に進む。

　8つの質問に答えると、あなたの会議は今まで以上に生産的になって、あなたの会社やプロジェクトの成果にもつながる。最高の会議をつくって、最高の会社をつくろう。

F お客様にどのように商品を知ってもらいますか？	C それを解決する商品は何ですか？	G なぜその値段で売っているのですか？	F 解決を手伝ってくれるメンバーは誰ですか？	C その問題を抱えたままでは、なぜだめなのですか？	G どんな行動を起こしますか？
B お客様の困っていることは何ですか？	**6 売上を創造する**	D お客様が買わない理由は何ですか？	B なぜそれが問題なのですか？	**3 課題を解決する**	D どんな状態を望みますか？
E その対策は何がありますか？	A いつまでにどのくらい売上をつくりたいですか？	H なぜ、あなたから買わなければいけないのですか？	E どのようにすれば、解決へ向かいますか？	A 問題になっていることは何ですか？	H 再発しないために、何を意識しますか？
F 決断を邪魔しているものは何ですか？	C スタッフの役割は何ですか？	G 前進するために必要なものは何ですか？	**6 売上を創造する**	**3 課題を解決する**	**7 スタッフのやる気を引き出す**
B あなたの役割は何ですか？	**2 ミッションを実践する**	D あなたの会社はなぜ存在しているのですか？	**2 ミッションを実践する**	**テーマ ビジネスマンダラ**	**4 お客様は誰**
E 行動を邪魔しているものは何ですか？	A 未来を創るために何ができますか？	H ミッションを実践するために今日、何ができますか？	**5 独自の売りを見つける**	**1 ビジョンを明確にする**	**8 最高の会議にする**
F 長所を伸ばすためにどんなことができますか？	C 一言で言うと、どんなサービスを提供していますか？	G どんなサービス（商品）をさらにプラスすれば喜ばれますか？	F あなたの会社がなくなると誰がどんなふうに困りますか？	C あなた（会社）のキャッチフレーズは何ですか？	G ビジョンを持ち続けるためにできることは何ですか？
B 他社の方が優れているところはどこですか？	**5 独自の売りを見つける**	D お客様はなぜ、あなたの会社を選んでいますか？	B 世の中にどう役立っていますか？	**1 ビジョンを明確にする**	D あなた（会社）の合言葉（キーワード）は何ですか？
E あなた（の会社）のキャッチフレーズは何ですか？	A 他社より優れているところはどこですか？	H どんなときにお客様は喜んでくれましたか？	E スタッフに共通していることは何ですか？	A 10年後どんな姿になっていますか？	H あなた（会社）は100年後にはどんな姿になっていますか？

名前	
作成日	

F	C	G
どんなことを褒めたいですか?	その原因は何ですか?	スタッフから学べることは何ですか?

B	**7** **スタッフの** **やる気を** **引き出す**	D
どんなときにやる気をなくしていますか?		あなたの上司がどんな上司であればやる気を出しますか?

E	A	H
どんなことを認めてあげることができますか?	どんなときにスタッフの笑顔が見られますか?	あなたが変われるところはどこですか?

F	C	G
お客様がお金を払ってでも解決したいことは何ですか?	お客様の家族構成は?	お客様が気になるキーワードは何ですか?

B	**4** **お客様は** **誰**	D
お客様の趣味は何ですか?		お客様は休みの日には何をしていますか?

E	A	H
お客様はどんなものから情報を得ていますか?	お客様はどんな方ですか?	お客様は買うときに、何を元に決断していますか?

F	C	G
会議のゴールは何ですか?	参加したくなる要素は何ですか?	発言をしてもらうために、どんな工夫ができますか?

B	**8** **最高の** **会議にする**	D
どんな空間だと、リラックスできますか?		どんな気持ちで参加してほしいですか?

E	A	H
会議のルールは何ですか?	会議に映画のようなタイトルをつけるとしたら何ですか?	決まったことを、誰がいつまでに実行しますか?

マンダラで振り返り

F　C　G　F　C　G

B　D　B　D

6
売上を
創造する

3
課題を
解決する

E　A　H　E　A　H

F　C　G

6
売上を
創造する

3
課題を
解決する

7
スタッフの
やる気を
引き出す

B　D

2
ミッションを
実践する

2
ミッションを
実践する

テーマ

ビジネス
マンダラ

4
お客様は
誰

E　A　H

5
独自の売りを
見つける

1
ビジョンを
明確にする

8
最高の
会議にする

F　C　G　F　C　G

B　D　B　D

5
独自の売りを
見つける

1
ビジョンを
明確にする

E　A　H　E　A　H

名前	
作成日	

F		C		G	
B		**7** **スタッフの** **やる気を** **引き出す**		D	
E		A		H	

F		C		G	
B		**4** **お客様は** **誰**		D	
E		A		H	

F		C		G	
B		**8** **最高の** **会議にする**		D	
E		A		H	

F	やらないと決めたいものは何ですか?	C	お金を払ってでもやりたいことは何ですか?
	....		....

B	自分のどんなところが好きですか?	**テーマ**	
	....	**夢を発見する**	
		....	

E	捨てたいものは何ですか?	A	幸せを感じたのはどんなときですか?
	....		....

G	24時間やり続けても 苦ではないことは何ですか？

....

D	どんなことをしたときに 友達は喜んでくれましたか？

....

H	あなたが生きていくための ルールは何ですか？

....

No.	1
Category.	ライフワーク
Date.	． ．

ワンポイントアドバイス

　夢は、ないよりもあった方がいい。「私、夢がないんですよ」という人よりも、「私、夢があるんです」という人の方がいい。夢を持って生きていった方がいいけれども、なかなか自分の夢が見つからない。そんな人のためにつくった質問がこちら。

　まず、やるべきことは自分と会話すること。そうすることで過去の自分を振り返ってみて、「自分は未来にこんなことがやりたいんじゃないかな」ということが見えてくる。

　自分がどんなときに幸せを感じたのかを思い出してみる。その幸せを感じていたときというのが、自分が夢を実現したときに「近い」状態。まずは、この質問に答えてみよう。見えてくるものがあるはず。

　8つの質問に答えると、これまで見つからなかったあなたの夢が見つかるはず。

　夢が見つかれば、そもそも自分自身が自分の未来にワクワクするようになり、そのワクワクが人に伝わってあなたの夢に共鳴して助けてくれる人が現れることも。ぜひ、夢を見つけてみよう。

F	あなたはどんな方法で キライにサヨナラしますか?	C	心が落ち着く場所は どこですか?
	....		....

B	あなたを元気にする言葉は 何ですか?	**テーマ**	
	....	**ストレスにサヨナラする**	
		....	

E	どんな環境があなたを 安心させますか?	A	あなたが今、うまくいっている ことは何ですか?
	....		....

G	嫌な出来事からの学びは何ですか？

……………………………………

D	あなたをどんなときも応援してくれる人は誰ですか？

……………………………………

H	次に起こるいいことは、何があると思いますか？

……………………………………

No.	2
Category.	ライフワーク
Date.	．　　．

ワンポイントアドバイス

　自分のストレスに「バイバイ」と言って、自分のところから去ってもらうイメージを持とう。ストレスとサヨナラしてしまう方が、もっと楽になって、リラックスした状態で豊かな人生を模索していける。幸せになろう、豊かになろうとする前に、ストレスとお別れするということも大切。

　1つ目の質問は、「あなたが今、うまくいっていることは何ですか？」。これは、仕事の上でも、家庭の中でも、プライベートでもどんなことでもいい。人間は、目の前にある果物に一カ所でも腐っている部分があると、その腐っている部分にどうしても目が行ってしまい、気になるもの。

　それと同じで、ストレスを受けている人は、自分の周りにあるものの「良くない部分」に目が行きがちで、「うまくいっている部分」や「良い部分」には目が行かないもの。そこをまず変えてみる。

　8つの質問に答えると、それまで感じていたストレスと距離を置けるようになったと感じられるようになるはず。そうすれば、目標の実現にも一歩近づける。

F	理想の未来に近づくために 何ができますか?	C	どんな感動することを つくりますか?

B	今日はどんなことを 楽しみますか?	テーマ	
		朝の魔法の質問	

E	今日の夜は どんな顔をしていますか?	A	今日は誰に感謝を伝えますか?

G	どんな栄養のあるものを取りますか？

....

No.	3
Category.	ライフワーク
Date.	． ．

D	誰に何をギフトしますか？

....

H	今の笑顔は素敵ですか？

....

ワンポイントアドバイス

　朝は、一日の始まり。始まりが良ければ、その日がすべて良くなる。そう考えると、朝の一分をどう使うかが、あなたのその日一日を左右することもある。

　その大事なタイミングに、魔法の質問をすることで、その一日の質をグンと高めよう。

　1つ目の質問は「今日は誰に感謝を伝えますか？」。

　あなたの周りにいる誰かをイメージして、何の理由でその人に感謝するのか、するべきなのかということをイメージする。実は、身の回りには感謝するべきことがたくさん溢れている。

　でも、そのことに意識を向けていないと気づけないことも。感謝は私たちが周りの人とポジティブに、生産的に生きる上での源。それをまず朝に確認しよう。

　8つの質問に答えると、あなたは一日を、ポジティブな気分でスタートを切ることができる。そうすれば、その後の一日もその気分で彩られるようになる。そんな一日を、毎日重ねていけば、あなたの人生そのものがだんだんと明るいものに変わっていく。

F	理想の未来に近づくために 何ができましたか？	C	今日はどんなことを 学びましたか？

B	誰に何をギフトしましたか？	**テーマ**	
		夜の魔法の質問	

E	ぐっすり眠るために どんな想像をしますか？	A	どんな感動することが ありましたか？

G	言われて嬉しかった一言は何ですか？

....

D	どんな投資をしましたか？

....

H	明日はどんな一日を過ごしたいですか？

....

No.	**4**
Category.	ライフワーク
Date.	．　　　　　．

ワンポイントアドバイス

　朝の魔法の質問では、「始まりが良ければ、その日のすべてが良くなる」という話をしたけれど、「終わり良ければ、すべて良し」というのもまた真実。

　何気なく過ごしたなと思った日にも、注意深く観察すればいろいろな実りがあるもの。

　でも、ほとんどの人はそんな実りに気づかずに生きている。

　それに気づくだけでも、あなたの意識が変わっていく。

　1つ目の質問は、「どんな感動することがありましたか？」。今日という一日を「特に何にもない、いつもと変わらない一日だった」と思っている人はすごく多い。

　でも、改めて問いかけてみると、「嬉しかったこと」「楽しかったこと」「心が動いたこと」があるはず。

　そういうことは、見つけようとしないと、どんどん忘れてしまう。

　8つの質問にすべて答えると、一日単位で「振り返り（リフレクション）」ができて、その一日からいろんな気づきが得られるようになる。ぜひ、習慣にしよう。

29

F 相手の方にどんな気持ちに なってほしいですか?	**C** 最近お世話になった方は 誰ですか?
....	....
B 小さい頃、お世話になった人は 誰ですか?	**テーマ**
	感謝をおすそわけする
....	....
E 感謝をどんな方法で 伝えますか?	**A** あなたが感謝したい!と 思った出来事は何ですか?
....	....

G	もらって嬉しい手紙は どんな手紙ですか?

....

D	悩んだときに相談したのは 誰ですか?

....

H	どんなサプライズギフトが できそうですか?

....

No.	5
Category.	ライフワーク
Date.	． ．

ワンポイントアドバイス

　今の自分自身が存在しているのは、いろいろな人たちのおかげ。

　「私はこれまで誰の力も借りずに生きてきました」という人は、一人もいないはず。

　家庭、学校、職場など、誰かしらと関わって生きているのが人間だから、自分を成長させてくれた人たちに「ありがとう」を伝えよう。

　1つ目の質問は「あなたが感謝したい！と思った出来事は何ですか?」。いつの時点での感謝でも、どれくらいの大きさの感謝でもOK。今、感謝したいなぁと思った出来事を思い浮かべよう。

　8つの質問に答えると、感謝の気持ちを常に更新して、また感謝したくなる出来事に気づけるようになる。

　自分も感謝し、相手からも感謝される。そんな状態を維持できれば、周りの気持ちも明るくなって、感謝がさらなる感謝を生むようになる。

　感謝したいと思うことがあれば、それをきちんと言葉に出して伝えるようにしよう。

F	その人が求めていることは何ですか？	C	どんな記念日を覚えておきたいですか？

B	出会った人にどんなことができますか？	テーマ
		出会いをご縁にする

E	その人の得意なことは何ですか？	A	会いたい人はどこにいますか？

G	プレゼントはどんなものが いいですか？

No.	6
Category.	ライフワーク
Date.	． ．

D	記念日は何に メモしておきますか？

ワンポイントアドバイス

　私たちは人から支えられて生きている。たまたま出会った2人は、たまたまではなくて出会うべくして出会ったのかもしれない。そう考えてみると、出会う人すべてに意味が見いだせるようになる。

　ちょっとした出会いに意味を見いだせるようになれば、それがこれからずっと続く「ご縁」になるかもしれない。この魔法の質問をすることで、良いご縁に気づけるようになる。

　1つ目の質問は「会いたい人はどこにいますか？」。私はこの人に会いたい、あの人の話を聞いてみたいと思っていても、その人がいる場所に行かないと会えない。

　でも、意識をするだけで、「どうやったら会えるか？」と考えるようになり、ご縁につながる行動が取りやすくなる。

　8つの質問に答えると、それまでの単なる出会いが、出会い以上の「ご縁」になる可能性に気づけるようになる。

　その気づきが、あなたの出会いの質を変え、ひいては人生の質を変えてくれるかもしれない。

H	その人にどんな情報を 提供したいですか？

F　今日は何ができますか？	C　協力者は誰ですか？
…………………………………	…………………………………

B　壁、障害は何ですか？	**テーマ**
…………………………………	**目標を達成する**
	…………………………………

E　どんなスケジュールを 　　立てていますか？	A　達成する目的は何ですか？
…………………………………	…………………………………

G	ごほうびは何ですか？

....

D	達成すると、社会に どんな影響がありますか？

....

H	達成するために必要なものは 何ですか？

....

No.	7
Category.	ライフワーク
Date.	．　　　．

ワンポイントアドバイス

　目標を達成するというのは、コーチングでよく使われるパターン。目標をゴールとすれば、そのゴールをまず見つけて明確にすることが大事。そこに向かって前進すれば、いつかはたどり着ける。

　この魔法の質問は、あなたの目標（ゴール）が何なのか、どこにあるのか、そこまでの道筋を明確にする目的でつくられたもの。

　1つ目の質問は、「達成する目的は何ですか？」。これは、ゴールに到達した後、その先にあるものは何ですかという質問。

　例えば、「お金持ちになりたい」という目標を持っている人にとっては、「お金持ちになった後、どうしたいのか？」ということ。

　目標の先にあるものを考えることが大事。本当に達成したい目標と、一時的な願望を区別しよう。

　8つの質問に答えると、それまではぼんやりしていたあなたの目指しているゴールが、よりはっきりと見えるようになり、そこに向かって具体的に何をすればいいのかがよくわかるようになる。

F	あなたを連想させる キーワードは何ですか？	**C**	関わる人とどんな約束が できますか？

B	あなたの中のホンモノの 想いは何ですか？	**テーマ**
		ブランドを構築する

E	その人が大切にしていることは 何ですか？	**A**	あなたを通して 何を伝えたいですか？

G	あなたが使う言葉、 使わない言葉は何ですか？

....

D	あなたがブランドを感じる 人（会社）は誰ですか？

....

H	あなたがしないことは何ですか？

....

No.	8
Category.	ライフワーク
Date.	．　　　．

ワンポイントアドバイス

　ブランドというと、バッグとか洋服などをイメージする人が多い。でも、自分自身もブランドになり得るということに、まず気づこう。

　自分自身がブランドであるということに気づいて、そのブランドの価値を高めることができれば、あなたのもとに集まってくるものの質も変わってくる。

　1つ目の質問は、「あなたを通して何を伝えたいですか？」。

　あなたという人間を通して、どんなメッセージやビジョンを他人に伝えたいのかを考えよう。

　例えば、ブランド品はそのブランドのロゴがついているからブランドなのではなく、そのブランドを通して伝えたい価値や歴史、メッセージがあるからブランドなのだ。

　だから、自分自身がそういうブランドになったつもりで、自分は何を伝えたいのか？　と問いかけよう。

　8つの質問に答えると、あなたはただ漫然と生きている一人の人間ではなく、自分以外の人びとに伝えたい価値を持っている人間という意識が、芽生えるようになるはず。

F その人が求めていることは何ですか?	**C** どんな記念日を覚えておきたいですか?	**G** プレゼントはどんなものがいいですか?	**F** 理想の未来に近づくために何ができますか?	**C** どんな感動することをつくりますか?	**G** どんな栄養のあるものを取りますか?
B 出会った人にどんなことができますか?	**6** 出会いをご縁にする	**D** 記念日は何にメモしておきますか?	**B** 今日はどんなことを楽しみますか?	**3** 朝の魔法の質問	**D** 誰に何をギフトしますか?
E その人の得意なことは何ですか?	**A** 会いたい人はどこにいますか?	**H** その人にどんな情報を提供したいですか?	**E** 今日の夜はどんな顔をしていますか?	**A** 今日は誰に感謝を伝えますか?	**H** 今の笑顔は素敵ですか?
F あなたはどんな方法でキライにサヨナラしますか?	**C** 心が落ち着く場所はどこですか?	**G** 嫌な出来事からの学びは何ですか?	**6** 出会いをご縁にする	**3** 朝の魔法の質問	**7** 目標を達成する
B あなたを元気にする言葉は何ですか?	**2** ストレスにサヨナラする	**D** あなたをどんなときも応援してくれる人は誰ですか?	**2** ストレスにサヨナラする	テーマ ライフワークマンダラ	**4** 夜の魔法の質問
E どんな環境があなたを安心させますか?	**A** あなたが今、うまくいっていることは何ですか?	**H** 次に起こるいいことは、何があると思いますか?	**5** 感謝をおすそわけする	**1** 夢を発見する	**8** ブランドを構築する
F 相手の方にどんな気持ちになってほしいですか?	**C** 最近お世話になった方は誰ですか?	**G** もらって嬉しい手紙はどんな手紙ですか?	**F** やらないと決めたいものは何ですか?	**C** お金を払ってでもやりたいことは何ですか?	**G** 24時間やり続けても苦ではないことは何ですか?
B 小さい頃、お世話になった人は誰ですか?	**5** 感謝をおすそわけする	**D** 悩んだときに相談したのは誰ですか?	**B** 自分のどんなところが好きですか?	**1** 夢を発見する	**D** どんなことをしたら友達は喜んでくれましたか?
E 感謝をどんな方法で伝えますか?	**A** あなたが感謝したい!と思った出来事は何ですか?	**H** どんなサプライズギフトができそうですか?	**E** 捨てたいものは何ですか?	**A** 幸せを感じたのはどんなときですか?	**H** あなたが生きていくためのルールは何ですか?

名前	
作成日	

F	C	G
今日は何ができますか?	協力者は誰ですか?	ごほうびは何ですか?
B 壁、障害は何ですか?	**7** **目標を達成する**	**D** 達成すると、社会にどんな影響がありますか?
E どんなスケジュールを立てていますか?	**A** 達成する目的は何ですか?	**H** 達成するために必要なものは何ですか?

F	C	G
理想の未来に近づくために何ができましたか?	今日はどんなことを学びましたか?	言われて嬉しかった一言は何ですか?
B 誰に何をギフトしましたか?	**4** **夜の魔法の質問**	**D** どんな投資をしましたか?
E ぐっすり眠るためにどんな想像をしますか?	**A** どんな感動することがありましたか?	**H** 明日はどんな一日を過ごしたいですか?

F	C	G
あなたを連想させるキーワードは何ですか?	関わる人とどんな約束ができますか?	あなたが使う言葉、使わない言葉は何ですか?
B あなたの中のホンモノの想いは何ですか?	**8** **ブランドを構築する**	**D** あなたがブランドを感じる人(会社)は誰ですか?
E その人が大切にしていることは何ですか?	**A** あなたを通して何を伝えたいですか?	**H** あなたがしないことは何ですか?

マンダラで振り返り

F	C	G	F	C	G
B	**6** 出会いを ご縁にする	**D**	**B**	**3** 朝の 魔法の質問	**D**
E	**A**	**H**	**E**	**A**	**H**
F	C	G	**6** 出会いを ご縁にする	**3** 朝の 魔法の質問	**7** 目標を 達成する
B	**2** ストレスに サヨナラする	**D**	**2** ストレスに サヨナラする	**テーマ** ライフワーク マンダラ	**4** 夜の 魔法の質問
E	**A**	**H**	**5** 感謝を おすそわけ する	**1** 夢を 発見する	**8** ブランドを 構築する
F	C	G	F	C	G
B	**5** 感謝を おすそわけ する	**D**	**B**	**1** 夢を 発見する	**D**
E	**A**	**H**	**E**	**A**	**H**

マンダラチャート：

名前	
作成日	

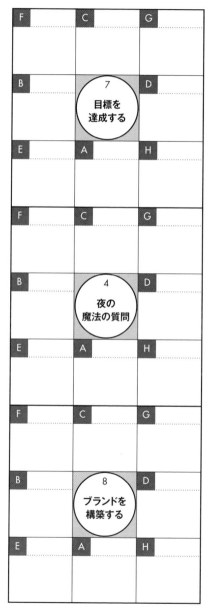

F	どんな家族が理想ですか？	C	今までどんなときに 幸せを感じましたか？

B	何を意識すれば 家族の笑顔が増えますか？		**テーマ**
			すべては家族から

E	家族はあなたにとって どんな存在ですか？	A	家族が喜ぶのは どんなことをしたときですか？

G	家族において あなたの役割は何ですか?

....

D	これからどんな感謝を 伝えたいですか?

....

H	家族のためにできることは 何ですか?

....

No.	1
Category.	セルフコミュニケーション
Date.	．　　　　．

ワンポイントアドバイス

　成功している人やうまくいっている人のほとんどは、不思議と家族仲や夫婦仲がいい。だから、まずは身近にいる人を幸せにしないと、その外にいる世間の人を幸せにすることはできない。

　世の中に役立つ人間になりたければ、まずは、家族の役に立って家族を幸せにするべき。それが成功への第一歩。

　1つ目の質問は「家族が喜ぶのはどんなことをしたときですか?」。どんなことをすれば家族が喜ぶのかは、意識してみないとなかなかわからないもの。旅行に連れて行けばいいのか、家にいるだけで喜んでいるのか、それとも何かをしてあげた方がいいのか……。そういったことは、自分自身に質問して考えてみてやっとわかったりする。だから、まずは自分自身に問いかけてみよう。

　8つの質問に答えると、あなたはこれまであまり意識してこなかったかもしれない家族の幸せを強く意識するようになり、家族の幸せこそが自分の幸せの基盤なのだということを理解できるようになる。

F	その中でパートナーが 喜んでくれるものは何ですか？	C	パートナーに直してほしい ところはどこですか？
	....		....

B	なぜパートナーに したいのですか？	テーマ	
	....	**パートナーシップ**	
		....	

E	パートナーにギフトできることは 何ですか？	A	パートナーの魅力は何ですか？
	....		....

G	今日、パートナーにどんな「ありがとう」を言いますか？

....

D	パートナーがいることで、できていることは何ですか？

....

H	あなたはパートナーへの愛情を、どう伝えますか？

....

No.	2
Category.	セルフコミュニケーション
Date.	．　　　　　．

ワンポイントアドバイス

　パートナーシップとは、二者間の絆のこと。家族と同じで、成功している人やうまくいっている人は、だいたい夫婦仲や恋人仲がいいという人が多い。最も身近にいて、自分を理解してくれ、支えてくれる人とギスギスしている関係性しか築けない人は、結局のところ他人とも建設的な関係を築くのは難しい。

　まずは、自分の最も近いところにいる人を大切にすることで、自分も大切にしてもらえるようになる。

　1つ目の質問は、「パートナーの魅力は何ですか？」。ずっと長く一緒にいる人の魅力は、次第に見えにくくなってしまうもの。

　そこにいるのが当たり前と思っていると、だんだんその人がそこにいてくれることのありがたみがわからなくなってしまう。まずは、この質問を投げかけることで、パートナーの本当の価値に気づこう。

　8つの質問に答えることで、あなたは最も身近にいる人との関係性を見直すことができ、パートナーとの関係が良好になれば、仕事の上でも結果を出しやすくなる。

F 気持ちよく目覚めるために、どんな工夫ができますか？	C どんな食事に愛を感じますか？
....	....

B あなたの「心」を元気にしてくれる食べ物は何ですか？	**テーマ**
	資本は体
....	....

E 朝にちょっとだけ自由な時間をつくるには何ができますか？	A あなたの「体」を元気にしてくれる食べ物は何ですか？
....	....

G	体の疲れを回復するには 何をしますか？

....

D	どんな運動を 毎日したいですか？

....

H	体を元気にする言葉は 何ですか？

....

No.		3
Category.	セルフコミュニケーション	
Date.	．	．

ワンポイントアドバイス

　20代の若い人は、あまり意識しないかもしれないけど、30歳を超えるようになると、体のことを考える必要がある。

　なぜなら、健康を損なってしまえば、自分の人生を幸せなものにしたり、豊かなものにしたりするのはかなり難しくなるから。

　私たちの持っている一番大事な資本は、実は健康な体。この魔法の質問を投げかけることによって、自分の体や健康に対する意識がグンと高まることになる。

　1つ目の質問は「あなたの『体』を元気にしてくれる食べ物は何ですか?」。普段、ただ漫然と食事をしていると、自分の健康と関わりのある食べ物を意識しないもの。「あ、これを食べると元気がみなぎってくる!」と思える食べ物を、まずは意識してみよう。そうすることで、食生活の見直しのきっかけになる。

　8つの質問に答えると、あなたは食事、運動、睡眠など自分の健康を左右するファクターに対する意識が高まっているのに気づくはず。健康がすべての源だと自覚しよう。

F	違う視点で質問すると どんな質問になりますか？	C	相手との緊張をほぐすために できることは何ですか？

B	お互いのすれ違いを減らす ために何に気をつけますか？	**テーマ**	
		質問の与える力	

E	相手の答えの先に どんな答えがありますか？	A	相手の話をもっと聞くために できることは何ですか？

G	今までしていた自分を 責める言葉は何ですか？

....

D	相手に質問する目的は 何ですか？

....

H	それを効果的な質問に変えると どうなりますか？

....

No.	4
Category. セルフコミュニケーション	
Date. ・ ・	

ワンポイントアドバイス

　いい質問をすることは、とてもパワフルな影響を私たちの人生に与える。それだけで私たちの意識が変わり、ひいては人生が変わっていくくらいのパワーがある。

　相手の思いや、やる気を引き出すためには、こちらの言いたいことを言うだけではなく、いい質問をすることが大切。

　日頃からいい質問をするように心がけていると、それまで気づかなかったことに気づいてくれたり、相手がこちらに共鳴して動いてくれるようになったりと、さまざまな変化が起こるようになる。

　1つ目の質問は、「相手の話をもっと聞くためにできることは何ですか？」。相手がもっと話をしてくれ、相手の思いとか気持ちを知ることができるなら、相手が気持ちよく話したくなるように、自分も振る舞わないといけない。相手の話を聞くときの姿勢について、自分に問いかけてみよう。

　8つの質問に答えると、あなたは日頃から質問することや質問力に対する意識を持つようになり、どんどん質問のクオリティが上がっていくはず。

F 心が動く瞬間は どんなときでしたか？	**C** 忘れたい、悲しい出来事は 何ですか？
B 心から笑った出来事は 何ですか？	**テーマ** **感じる力**
E その怒りは なぜ生まれてきましたか？	**A** 最近涙を流したのは どんなときですか？

G	あなたにとって 感情とは何ですか？

....

D	どんなときに怒りを感じますか？

....

H	出会う人にどんな感情を 感じてほしいですか？

....

No.	5
Category.	セルフコミュニケーション
Date.	． ．

ワンポイントアドバイス

感じる力とは、すべてを感じる力、五感のこと。人は頭で考えて動いていると思いがち。

だけど、本当は「心」で感じて動いている。感動という言葉も、「感じて動く」と書くのであって、「考えて動く」という言葉はない。

だから、感情や感じる力を磨くことが、ひいては自分の行動の質を変えていく。

1つ目の質問は、「最近涙を流したのはどんなときですか？」。これは嬉しい涙でも、悲しい涙でもどちらでもOK。どんなときに自分が泣いたかを思い出してみると、自分の心が動いていたときのことがはっきりわかるようになる。

普段、私たちは自分の心の動きをあまり意識していないから、それを意識するようになると、さらに自分の心の動き、感情を捉えやすくなる。

8つの質問に答えると、ほとんどの人間にとっての行動原理でもある感情についての理解が深まり、特に自分がどんな感情的な「クセ」を持っているのかがわかるようになり、また相手の感情も読み取りやすくなる。

F	どんなものを身につけたときに あなたらしくいられますか？	C	力を発揮できる場所は どんなところですか？

B	どんな色に囲まれたいですか？	**テーマ**	
		環境を整える	

E	あなたをやる気にさせる仲間は 誰ですか？	A	あなたが心地いい場所は どこですか？

G	あなたがリラックスできる 香りは何ですか？

....

D	どんな景色が見えるところに 行きたいですか？

....

H	どんな音が心地いいですか？

....

No.	6
Category.	セルフコミュニケーション
Date.	．　　　．

ワンポイントアドバイス

　やる気を出そうと思ったり、リラックスしたいなと思ったり、ストレスを解消したいなと思ったりしても、自分がいる環境が自分とマッチしていないとなかなかそうはならないもの。自分自身を変えるためには、「環境」をつくることが大事。

　環境とは、場所だけでなく、周りにいる人や人間関係、あるいは雰囲気も含むもの。

　1つ目の質問は「あなたが心地いい場所はどこですか？」。心地いいというのは、「あぁ、気持ちいいなぁ」とか「楽しいなぁ」とリラックスして素の自分を出せること。

　でも、多くの人は自分がリラックスできる場所について自覚しないまま漫然と生きている。

　まずは、この場所が自分のリラックスできる場所なんだということに気づくこと。

　8つの質問に答えると、あなたは自分が本当にリラックスできて、やる気が自然に湧いてくるような環境がどんなものか、そして、その環境をつくるためにはどうしたらいいのかがだんだん見えてくるようになるはず。

F 今月はいくら、 寄付（ギフト）に使いますか？	C お金でできないことは 何ですか？
....	....

B お金でできることは何ですか？	**テーマ**
....	**お金を愛する** ....

E 世の中にお金がなかったら 何を大切にしますか？	A あなたにとってお金とは 何ですか？
....	....

G	お金に愛されるために、何ができますか？

	No.	7
	Category.	セルフコミュニケーション
	Date.	．　　　．

D	気持ちよくお金を払えるのはどんなときですか？

H	あなたの中の何がお金を生みますか？

ワンポイントアドバイス

多くの人はお金があったらあれもできるし、これもできると想像を膨らませているもの。

でも、お金というものはあくまでも「手段」であって、「目的」ではない。お金を得ることが目的だと考えていると、お金がない状況は不幸せだと考えることにもつながる。

お金を手に入れた先にどんなことがあるのかを考えてみると、本当に大事なものは何か、何が必要なのかが見えてくる。

実は、世の中にはお金で手に入らないものの方が多い。特に、人の感情や感動といったものは、必ずしもお金で手に入るとは限らない。お金を目的だと思い込んでしまうと、お金に振り回される人生になってしまう。

1つ目の質問は、「あなたにとってお金とは何ですか？」。お金が欲しいなら、お金に振り回されないために、お金にフォーカスせずに、お金を通して自分が何をしたいのか、何が欲しいのかにフォーカスしてみよう。

そうすることで、むしろお金をポジティブに捉えやすくなり、縁ができやすくなる。

F	ブレーキになっているものは何ですか？	C	いつか捨てたいと思っているものは何ですか？

B	あなたにとって本当に必要な情報は何ですか？	テーマ

テーマ

鎧（よろい）を脱ごう

E	あなたにはどんなプライドがありますか？	A	あなたが持っている情報でいらないものは何ですか？

G	無人島に行ったら、 まず欲しいものは何ですか？

....

D	どんな新しい友達を つくりたいですか？

....

H	どんな鎧を脱ぎたいですか？

....

No.	**8**
Category. セルフコミュニケーション	
Date. ．　．	

ワンポイントアドバイス

　鎧とは、鉄でできた本物の鎧ではなく、「心の鎧」のこと。最近は、特にいかに学ぶか、いかに身につけて、情報をインプットするかというところに注目が集まっているけど、ぼくはむしろ「身につけることよりも、捨てることの方が大事」なのではないかと考える。

　知らない方がいい、こだわらない方がいい情報というのは、実はいっぱいある。それを思い切って捨てることで、これまでとは人生のフェーズが変わることもあると気づこう。

　1つ目の質問は、「あなたが持っている情報でいらないものは何ですか？」。情報には、もちろん必要なものもあるが、必要じゃないものもある。

　むしろ、あなたの目標達成を阻害している情報に囚われている可能性も十分ある。まずは、そのことを自分に問いかけてみて、情報の取捨選択をしよう。

　8つの質問に答えると、あなたは不要なものを脱ぎ去って、身軽になり、ありのままの素の自分として、目標の実現に向けて歩み出すことができるようになる。

F どんなものを身につけたときにあなたらしくいられますか？	**C** 力を発揮できる場所はどんなところですか？	**G** あなたがリラックスできる香りは何ですか？	**F** 気持ちよく目覚めるために、どんな工夫ができますか？	**C** どんな食事に愛を感じますか？	**G** 体の疲れを回復するには何をしますか？
B どんな色に囲まれたいですか？	6 環境を整える	**D** どんな景色が見えるところに行きたいですか？	**B** あなたの「心」を元気にしてくれる食べ物は何ですか？	3 資本は体	**D** どんな運動を毎日したいですか？
E あなたをやる気にさせる仲間は誰ですか？	**A** あなたが心地いい場所はどこですか？	**H** どんな音が心地いいですか？	**E** 朝にちょっとだけ自由な時間をつくるには何ができますか？	**A** あなたの「体」を元気にしてくれる食べ物は何ですか？	**H** 体を元気にする言葉は何ですか？
F その中でパートナーが喜んでくれるものは何ですか？	**C** パートナーに直してほしいところはどこですか？	**G** 今日、パートナーにどんな「ありがとう」を言いますか？	6 環境を整える	3 資本は体	7 お金を愛する
B なぜパートナーにしたいのですか？	2 パートナーシップ	**D** パートナーがいることで、できていることは何ですか？	2 パートナーシップ	テーマ セルフコミュニケーションマンダラ	4 質問の与える力
E パートナーにギフトできることは何ですか？	**A** パートナーの魅力は何ですか？	**H** あなたはパートナーへの愛情を、どう伝えますか？	5 感じる力	1 すべては家族から	8 鎧を脱ごう
F 心が動く瞬間はどんなときでしたか？	**C** 忘れたい、悲しい出来事は何ですか？	**G** あなたにとって感情とは何ですか？	**F** どんな家族が理想ですか？	**C** 今までどんなときに幸せを感じましたか？	**G** 家族においてあなたの役割は何ですか？
B 心から笑った出来事は何ですか？	5 感じる力	**D** どんなときに怒りを感じますか？	**B** 何を意識すれば家族の笑顔が増えますか？	1 すべては家族から	**D** これからどんな感謝を伝えたいですか？
E その怒りはなぜ生まれてきましたか？	**A** 最近涙を流したのはどんなときですか？	**H** 出会う人にどんな感情を感じてほしいですか？	**E** 家族はあなたにとってどんな存在ですか？	**A** 家族が喜ぶのはどんなことをしたときですか？	**H** 家族のためにできることは何ですか？